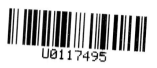

陳福成著

陳福成著作全編

第六十一冊　我這輩子幹了什麼好事

文史哲出版社印行

國家圖書館出版品預行編目資料

陳福成著作全編 / 陳福成著. -- 初版. --臺北市：文史哲,民 104.08
頁： 公分
ISBN 978-986-314-266-9（全套：平裝）

848.6　　104013035

陳福成著作全編

第六十一冊　我這輩子幹了什麼好事

著　者：陳　福　成
出版者：文　史　哲　出　版　社
http://www.lapen.com.tw
登記證字號：行政院新聞局版臺業字五三三七號
發行人：彭　正　雄
發行所：文　史　哲　出　版　社
印刷者：文　史　哲　出　版　社
臺北市羅斯福路一段七十二巷四號
郵政劃撥帳號：一六一八〇一七五
電話886-2-23511028・傳真886-2-23965656

全 80 冊定價新臺幣 36,800 元

二〇一五年（民一〇四）八月初版

ISBN 978-986-314-266-9　　08981

陳福成著作全編總目

壹、兩岸關係

①決戰閏八月
②防衛大台灣
③解開兩岸十大弔詭
④大陸政策與兩岸關係

貳、國家安全

⑤國家安全與情治機關的弔詭
⑥國家安全與戰略關係
⑦國家安全論壇。

參、中國學四部曲

⑧中國歷代戰爭新詮
⑨中國近代黨派發展研究新詮
⑩中國政治思想新詮
⑪中國四大兵法家新詮：孫子、吳起、孫臏、孔明

肆、歷史、人類、文化、宗教、會黨

⑫神劍與屠刀
⑬中國神譜
⑭天帝教的中華文化意涵
⑮奴婢妾匪到革命家之路：復興廣播電台謝雪紅訪講錄
⑯洪門、青幫與哥老會研究

伍、詩〈現代詩、傳統詩〉、文學

⑰幻夢花開一江山
⑱赤縣行腳・神州心旅
⑲「外公」與「外婆」的詩
⑳尋找一座山
㉑春秋記實
㉒性情世界
㉓春秋詩選
㉔八方風雲性情世界
㉕古晟的誕生
㉖把腳印典藏在雲端
㉗從魯迅文學醫人魂救國魂說起
㉘六十後詩雜記詩集

陸、現代詩（詩人、詩社）研究

㉙三月詩會研究
㉚我們的春秋大業：三月詩會二十年別集
㉛中國當代平民詩人王學忠
㉜讀詩稗記
㉝嚴謹與浪漫之間
㉞一信詩學研究：解剖一隻九頭詩鵠
㉟囚徒
㊱胡爾泰現代詩臆說
㊲王學忠籲天詩錄

柒、春秋典型人物研究、遊記

㊳山西芮城劉焦智「鳳梅人」報研究
㊴在「鳳梅人」小橋上

㊵我所知道的孫大公
㊶為中華民族的生存發展進百書疏
㊷金秋六人行
㊸漸凍勇士陳宏

捌、小說、翻譯小說

㊹迷情・奇謀・輪迴、
㊺愛倫坡恐怖推理小說

玖、散文、論文、雜記、詩遊記、人生小品

㊻一個軍校生的台大閒情
㊼古道・秋風・瘦筆
㊽頓悟學習
㊾春秋正義
㊿公主與王子的夢幻、
51洄游的鮭魚
52男人和女人的情話真話
53台灣邊陲之美
54最自在的彩霞
55梁又平事件後

拾、回憶錄體

56五十不惑
57我的革命檔案
58台大教官興衰錄
59迷航記、
60最後一代書寫的身影
61我這輩子幹了什麼好事
62那些年我們是這樣寫情書的
63那些年我們是這樣談戀愛的
64台灣大學退休人員聯誼會第九屆理事長記實

拾壹、兵學、戰爭

65孫子實戰經驗研究
66第四波戰爭開山鼻祖賓拉登

拾貳、政治研究

67政治學方法論概說
68西洋政治思想史概述
69中國全民民主統一會北京行
70尋找理想國：中國式民主政治研究要綱

拾參、中國命運、喚醒國魂

71大浩劫後：日本 311 天譴說
日本問題的終極處理
72台大逸仙學會

拾肆、地方誌、地區研究

73台北公館台大地區考古・導覽
74台中開發史
75台北的前世今生
76台北公館地區開發史

拾伍、其他

77英文單字研究
78與君賞玩天地寬（文友評論）
79非常傳銷學
80新領導與管理實務

總序：陳福成的一部文史哲政兵千秋事業

陳福成先生，祖籍四川成都，一九五二年出生在台灣省台中縣。筆名古晟、藍天、司馬千、鄉下人等，皈依法名：本肇居士。一生除軍職外，以絕大多數時間投入寫作，範圍包括詩歌、小說、政治（兩岸關係、國際關係）、歷史、文化、宗教、哲學、兵學（國防、軍事、戰爭、兵法），及教育部審定之大學、專科（三專、五專）、高中（職）等各級學校國防通識（軍訓課本）十二冊。以上總計近百部著作，目前尚未出版者尚約二十部。

我的戶籍資料上寫著祖籍四川成都，小時候也在軍眷長大，初中畢業（民57年6月），投考陸軍官校預備班十三期，三年後（民60）直升陸軍官校正期班四十四期，民國六十四年八月畢業，隨即分發野戰部隊服役，到民國八十三年四月轉台灣大學軍訓教官。到民國八十八年二月，我以台大夜間部（兼文學院）主任教官退休（伍），進入全職寫作高峰期。

我年青時代也曾好奇問老爸：「我們家到底有沒有家譜？」

他說：「當然有。」他肯定說，停一下又說：「三十八年逃命都來不及了，現在有個鬼啦！」

兩岸開放前他老人家就走了，開放後經很多連繫和尋找，真的連鬼都沒有了，茫茫無垠的「四川北門」，早已人事全非了。

但我的母系家譜卻很清楚，母親陳蕊是台中縣龍井鄉人。她的先祖其實來台不算太久，按家譜記載，到我陳福成才不過第五代，大陸原籍福建省泉州府同安縣六都施盤鄉馬巷。

第一代祖陳添丁、妣黃媽名申氏。從原籍移居台灣島台中州大甲郡龍井庄龍目井字水裡社三十六番地，移台時間不詳。陳添丁生於清道光二十年（庚子，一八四〇年）六月十二日，卒於民國四年（一九一五年），葬於水裡社共同墓地，坐北向南，他有二個兒子，長子昌，次子標。

第二代祖陳昌（我外曾祖父），生於清同治五年（丙寅，一八六六年）九月十四日，卒於民國廿六年（昭和十二年）四月二十二日，葬在水裡社共同墓地，坐東南向西北。陳昌娶蔡匏，育有四子，長子平、次子豬、三子波、四子萬芳。

第三代祖陳平（我外祖父），生於清光緒十七年（辛卯，一八九一年）九月二十五日，卒於（年略記）二月十三日。陳平娶彭宜（我外祖母），生光緒二十二年（丙申，一八九六年）六月十二日，卒於民國五十六年十二月十六日。他們育有一子五女，長子陳火，長女陳變、次女陳燕、三女陳蕊、四女陳品、五女陳鶯。

以上到我母親陳蕊是第四代，到筆者陳福成是第五代，與我同是第五代的表兄弟姊妹共三十二人，目前大約半數仍在就職中，半數已退休。

寫作是我一輩子的興趣，一個職業軍人怎會變成以寫作為一生志業，在我的幾本著作都詳述（如《迷航記》、《台大教官興衰錄》、《五十不惑》等」。我從軍校大學時代開始寫，從台大主任教官退休後，全力排除無謂應酬，更全力全心的寫（不含為教育部編著的大學、高中職《國防通識》十餘冊）。我把《陳福成著作全編》略為分類暨編目如下：

壹、兩岸關係

①《決戰閏八月》②《防衛大台灣》③《解開兩岸十大弔詭》④《大陸政策與兩岸關係》。

貳、國家安全

⑤《國家安全與情治機關的弔詭》⑥《國家安全與戰略關係》⑦《國家安全論壇》。

參、中國學四部曲

⑧《中國歷代戰爭新詮》⑨《中國近代黨派發展研究新詮》⑩《中國政治思想新詮》⑪《中國四大兵法家新詮：孫子、吳起、孫臏、孔明》。

肆、歷史、人類、文化、宗教、會黨

⑫《神劍與屠刀》⑬《中國神譜》⑭《天帝教的中華文化意涵》⑮《奴婢妾匪到革命家之路：復興廣播電台謝雪紅訪講錄》⑯《洪門、青幫與哥老會研究》。

伍、詩〈現代詩、傳統詩〉、文學

⑰《幻夢花開一江山》⑱《赤縣行腳・神州心旅》⑲《「外公」與「外婆」的詩》、⑳《尋找一座山》㉑《春秋記實》㉒《性情世界》㉓《春秋詩選》㉔《八方風雲性情世界》㉕《古晟的誕生》㉖《把腳印典藏在雲端》㉗《從魯迅文學醫人魂救國魂說起》㉘《60後詩雜記詩集》。

陸、現代詩（詩人、詩社）研究

㉙《三月詩會研究》㉚《我們的春秋大業：三月詩會二十年別集》㉛《中國當代平民詩人王學忠》㉜《讀詩稗記》㉝《嚴謹與浪漫之間》㉞《一信詩學研究：解剖一隻九頭詩鵠》㉟《囚徒》㊱《胡爾泰現代詩臆說》㊲王學忠籲天詩錄。

柒、春秋典型人物研究、遊記

㊳《山西芮城劉焦智「鳳梅人」報研究》㊴《在「鳳梅人」小橋上》㊵《我所知道的孫大公》㊶《孫大公思想主張手稿》㊷《金秋六人行》㊸《漸凍勇士陳宏》。

捌、小說、翻譯小說

㊹《迷情・奇謀・輪迴》㊺《愛倫坡恐怖推理小說》。

玖、散文、論文、雜記、詩遊記、人生小品

㊻《一個軍校生的台大閒情》㊼《古道・秋風・瘦筆》㊽《頓悟學習》㊾《春秋正義》㊿《公主與王子的夢幻》51《洄游的鮭魚》52《男人和女人的情話真話》53《台灣邊陲之美》54《最自在的彩霞》55《梁又平事件後》。

拾、回憶錄體

56《五十不惑》57《我的革命檔案》58《台大教官興衰錄》59《迷航記》60《最後一代書寫的身影》61《我這輩子幹了什麼好事》62《那些年我們是這樣寫情書的》63《那些年我們是這樣談戀愛的》64《台灣大學退休人員聯誼會第九屆理事長記實》。

拾壹、兵學、戰爭

65《孫子實戰經驗研究》66《第四波戰爭開山鼻祖賓拉登》。

拾貳、政治研究

㊼《政治學方法論概說》㊽《西洋政治思想概述》㊾《中國全民民主統一會北京行》㊿《尋找理想國：中國式民主政治研究要綱》。

拾參、中國命運、喚醒國魂

(71)《大浩劫後：日本 311 天譴說》、《日本問題的終極處理》(72)《台大逸仙學會》。

拾肆、地方誌、地區研究

(73)《台北公館台大地區考古・導覽》(74)《台中開發史》(75)《台北的前世今生》(76)《台北公館地區開發史》。

拾伍、其他

(77)《英文單字研究》(78)《與君賞玩天地寬》（別人評論）(79)《非常傳銷學》(80)《新領導與管理實務》。

我這樣的分類並非很確定，如《謝雪紅訪講錄》，是人物誌，但也是政治，更是歷史，說的更白，是兩岸永恆不變又難分難解的「本質性」問題。

以上這些作品大約可以概括在「中國學」範圍，如我在每本書扉頁所述，以「生長在台灣的中國人為榮」，以創作、鑽研「中國學」，貢獻所能和所學為自我實現的途徑，以宣揚中國春秋大義、中華文化和促進中國和平統一為今生志業，直到生命結束。我這樣的人生，似乎滿懷「文天祥、岳飛式的血性」。

抗戰時期，胡宗南將軍曾主持陸軍官校第七分校（在王曲），校中有兩幅對聯，一是「升官發財請走別路、貪生怕死莫入此門」，二是「鐵肩擔主義、血手寫文章」。前聯原在廣州黃埔，後聯乃胡將軍胸懷，「鐵肩擔主義」我沒機會，但「血手寫文章」的

「血性」俱在我各類著作詩文中。

人生無常，我到六十三歲之年，以對自己人生進行「總清算」的心態出版這套書。

回首前塵，我的人生大致分成兩個「生死」階段，第一個階段是「理想走向毀滅」，年齡從十五歲進軍校到四十三歲，離開野戰部隊前往台灣大學任職中校教官。第二個階段是「毀滅到救贖」，四十三歲以後的寫作人生。

「理想到毀滅」，我的人生全面瓦解、變質，險些遭到軍法審判，就算軍法不判我，我也幾乎要「自我毀滅」；而「毀滅到救贖」是到台大才得到的「新生命」，我積極寫作是從台大開始的，我常說「台大是我啟蒙的道場」有原因的。均可見《五十不惑》、《迷航記》等書。

我從年青立志要當一個「偉大的軍人」，為國家復興、統一做出貢獻，為中華民族的繁榮綿延盡個人最大之力，卻才起步就「死」在起跑點上，這是個人的悲劇和不智，正好也給讀者一個警示。人生絕不能在起跑點就走入「死巷」，切記！切記！讀者以我為鑒！在軍人以外的文學、史政有這套書的出版，也算是對國家民族社會有點貢獻，對自己的人生有了交待，這致少也算「起死回生」了！

順要一說的，我全部的著作都放棄個人著作權，成為兩岸中國人的共同文化財，而台北的文史哲出版有優先使用權和發行權。

這套書能順利出版，最大的功臣是我老友，文史哲出版社負責人彭正雄先生和他的夥伴們。彭先生對中華文化的傳播，對兩岸文化交流都有崇高的使命感，向他和夥伴致上最高謝意。

台北公館蟾蜍山萬盛草堂主人　陳福成　誌於二〇一四年五月榮獲第五十五屆中國文藝獎章文學創作獎前夕

自序：本書出版的動機

這輩子意外的寫了近百本書，每出版一本，至少出版社總會給我若干本，久而久之，一屋子全是自己的書，當舊書賣給人，很可惜，也不值幾文。

於是，我想到送給兩岸各大學圖書館，美國哈佛圖書館也因朋友之緣成爲贈書對象。又久而久之，各大學圖書館給我很多感謝函，這是人家的誠意，也是我走過一段路的腳印回響，我不忍丟掉，編成一書，再給圖書館，也是對自己的紀念。

這些典藏我著作的大學圖書館，在台灣地區有（校名均略稱）：台大、陽明、政大、東吳、台師、文化、世新、景文科、淡江、清華、交通、台東、中央、暨南、東華、南華、銘傳、實踐、台北教、屏教、高雄、彰師、嶺東技、中科、中興、中原、元智、長庚、中央警、陸軍專、國防、空官、陸官、海官、南台科、成大、台南應、大葉、中正、嘉義、台南、蘭技、義守、文藻、佛光、逢甲、國圖、高雄師、真理、亞洲、弘光科，共五十一個。

在大陸地區有：鄭州大、福建中、哈爾濱商、漳師、東北財、華僑、廣西民族、西南大、山東科、廈大、鄭州輕、西華師、西南交、成都中、湖南師、山西農、河南大、西北工、北大、清華、公安、政法、中央民族、復旦、北京師、浙江師、山東大、九江學、吉林農、海南大、貴州大、清海師、蘭州大、內蒙大、瀋陽師、上海大、安徽大，共三十七個。

我這些書絕大多數屬「中國學」、「中華文化」範圍，希望對所有中國人、炎黃子孫有所助益。敬請批評指教，不勝馨香期盼。

（台北公館蟾蜍山萬盛山莊主人　陳福成於
公元二〇一四年春節前，再整理於同年秋）

我這輩子幹了什麼好事

——我和兩岸大學圖書館的因緣

目　次

第一篇　台灣地區

左起：本書作者陳福成、師兄俊歌、師兄吳信義，
2010 年 11 月 4 日，山西關帝祖廟。

山西芮城好友劉焦智先生（左），2010 年，芮城大禹渡。

親愛的 陳福成校友，您好！

非常感謝您對《臺大人文庫》的支持！

本次收到您贈送之著作清單如下：

- 愛倫坡小說選：從地獄歸來
- 迷情。奇謀。輪迴-被詛咒的島嶼(一)
- 五十不惑-一個軍校生的半生塵影
- 性情世界-陳福成的情詩集
- 國家安全論壇
- 中國歷代戰爭新詮
- 春秋記實
- 歷史上的三把利刃
- 國家安全與情治機關的弔詭
- 中國政治思想【新詮】
- 中國近代黨派發展研究新詮
- 中國四大兵法家新詮

圖書館將永久珍藏您所捐贈著作。

敬祝

平安如意

圖書館臺大人文庫

敬上

2008/1/18

《臺大人文庫》聯絡資訊

TEL: +886-2-3366-2295

FAX: +886-2-2363-4344

E-MAIL: dianewang@ntu.edu.tw

地址：106臺北市大安區羅斯福路四段一號 臺灣大學

http://www.lib.ntu.edu.tw/NTUCollections

陳福成先生贈送台大圖書館贈書清單

編號	收到刊名	著者	出版者	出版年	冊數
1	八十補記 (上) (下)	龐慎言	龐大爲	2004	2
2	詩藝浩翰	中國詩歌藝術學會	文史哲	2009	2
3	幻夢花開一江山：關於蟾蜍山詩稿	本肇居士	文史哲	2008	2
4	迷情.奇謀.輪迴：被詛咒的島嶼(一)	古晟	文史哲	2007	2
5	迷情.奇謀.輪迴：進出三界大滅絕(二)	古晟	文史哲	2009	2
6	一個軍校生的台大閒情：讓我明白心見性的道場	陳福成	文史哲	2008	2
7	春秋詩選	陳福成	文史哲	2009	2
8	公主與王子的夢幻	陳福成	文史哲	2007	2
9	愛倫坡恐怖推理小說經典新選	Edgar Allan Poe	文史哲	2009	2
10	定風草	李傳鋒	長江文藝出版社	2006	1
11	退役軍犬	李傳鋒	湖北少年兒童出版社	2005	1
12	華嚴文學創作論文集	劉秀英	躍昇文化	2007	1
13	文學人季刊 no.2- 3(2003)，　4- 5(2004),8(2005)	文學人季刊編輯委員會	中國文藝協會	2003-2005	5
14	文學人季刊 no.10(2005),12(2006), 13(2007)	文學人季刊編輯委員會	中國文藝協會	2005-2007	6
15	文學人季刊革新版：no.2(總期15期)- 3(總期16期)(2008)，4(總期17期),6(總期19期) (2009)	文學人季刊編輯委員會	中國文藝協會	2008-2009	4
16	文學人季刊革新版：no.5(總期18期)(2009)	文學人季刊編輯委員會	中國文藝協會	2009	2
17	海岸線季刊 2007秋季號 (2007)	李家傑	中華經濟文化	2007	1
18	台灣古典詩詩學雙月刊 no.37 (2000 12)	邱閔南	台灣古典詩刊社	2000	1
19	青溪論壇　no,1- 4(2008)	落蒂	台北市青溪新文藝學會	2008	12

第1頁，共2頁

陳福成先生贈送台大圖書館贈書清單

編號	收到刊名	著者	出版者	出版年	冊數
20	藝文論壇 no.1- 2(2009)	落蒂	中國詩歌藝術學會	2009	6
21	空大學訊 no.407(2008 12)、 417(2009 06)	郭光從	國立空中大學	2008-2009	2
22	漢學研究 v.25:2 (2007 12)		漢學研究中心	2007	1
23	海鷗詩刊 no.39 (2009)		海鷗詩刊雜誌社	2009	1
24	乾坤詩刊 no.43(2007)	[乾坤詩刊]編輯委員會	乾坤詩刊雜誌社	2007	1
25	遠望 no.249-250,252 (2009)	遠望雜誌社編輯委員會	遠望雜誌社	2009	3
26	揚子江詩刊 no.3(總期54),5(總期56)(2008), 3(總期60期)-4(總期61期)(2009)		揚子江詩刊社	2008-2009	4
27	詩刊 no.566-567 (2009)	詩刊社编辑]	北京 詩刊社	2009	2

合計 72

國 立 臺 灣 大 學 圖 書 館

NATIONAL TAIWAN UNIVERSITY LIBRARY

臺北市 10617 大安區羅斯福路四段一號
1, Section 4, Roosevelt Road, Taipei, Taiwan 10617, R.O.C.

陳福成先生雅鑒：

頃承惠贈個人著作「一個軍校生的台大閒情」等佳籍，計 72 冊，豐富本館館藏，至深感紉，本館將編目珍藏，供全校師生研究閱覽。謹致寸函，藉申謝忱。

順 頌

時 祺

臺灣大學圖書館採訪組 敬啟

2009/10/08

國 立 臺 灣 大 學 圖 書 館

NATIONAL TAIWAN UNIVERSITY LIBRARY

臺北市 10617 大安區羅斯福路四段一號

1, Section 4, Roosevelt Road, Taipei, Taiwan 10617, R.O.C.

陳福成 先生 賜鑒：

頃承惠贈個人著作「日本問題的終極處理」等書，計叁種肆冊。豐富本館館藏，至深感謝，本館將編目珍藏，供全校師生研究閱覽。謹致寸函，藉申謝忱。

順 頌

時 祺

國立臺灣大學圖書館館藏徵集組 敬啟

2013/10/29

贈送書刊：

1. 日本問題的終極處理-廿一世紀中國人的天命與扶桑省建設要綱[2冊]

2. 山西芮城劉焦智【鳳梅人】報研究-論文化文學藝術交流

3. 為中華民族的生存發展進百書疏-孫大公的思想主張書函手稿

親愛的陳教官 增泉，您好！

非常感謝您對臺大圖書館的支持！
《臺大人文庫》目前收藏您的著作如下：

- 愛倫坡小說選：從地獄歸來
- 中國政治思想【新詮】
- 中國近代黨派發展研究新詮
- 中國四大兵法家新詮
- 愛倫坡恐怖推理小說經典新選
- 公主與王子的夢幻
- 春秋詩選
- 一個軍校生的台大閒情
- 幻夢花開一江山
- 古道. 秋風. 瘦筆
- 春秋正義
- 迷情・奇謀・輪迴—被詛咒的島嶼(一)
- 迷情・奇謀・輪迴—進出三界大滅絕(二)
- 性情世界-陳福成的情詩集
- 找尋理想國:中國式民主政治研究要綱
- 漸凍勇士陳宏傳-他和劉學慧的傳奇故事
- 在「鳳梅人」小橋上:中國山西芮城三人行
- 神劍與屠刀
- 國家安全與情治機關的弔詭
- 台北公館地區開發史
- 頓悟學習
- 三月詩會研究 春秋大業十八年
- 建凍勇士陳宏傳
- 防衛大台灣
- 孫子實戰經驗研究
- 非常傳銷學
- 山西芮城劉焦智《鳳梅人》報研究
- 決戰閏八月
- 新領導與管理實務
- 洄游的鮭魚
- 五十不惑—一個軍校生的半生塵影
- 解開兩岸十大弔詭
- 男人和女人的情話真話/兩性關性的生活智慧
- 八方風雲，性情世界
- 春秋記實
- 歷史上的三把利刃
- 國防通識1
- 國防通識1教師用書
- 國防通識2
- 國防通識2教師用書
- 國防通識3
- 國防通識3教師用書
- 國防通識4
- 我所知道的孫大公-黃埔28期孫大公研究
- 大浩劫後-日本東京都知事石原慎太郎「天譴說」溯源探解
- 台大逸仙學會-兼論統派經營中國統一事業大戰略要領芻議
- 第四波戰爭開山鼻祖賓拉登-及戰爭之常變研究要綱
- 中國神譜 ：中國民間宗教信仰之理論與實務
- 國家安全論壇
- 金秋六人行：鄭州山西之旅
- 從皈依到短期出家：另一種生活體驗
- 中國當代平民詩人王學忠詩歌剳記
- 中國歷代戰爭新詮

圖書館將永久珍藏您所捐贈之著作。
敬祝
平安如意

圖書館 陳雪華 館長
敬上
2012/08/20

《臺大人文庫》聯絡資訊
TEL: +886-2-3366-2295
FAX: +886-2-2363-4344
E-MAIL: chinghuichen@ntu.edu.tw
地址：106臺北市大安區羅斯福路四段一號 臺灣大學
http://www.lib.ntu.edu.tw/MKT/NTUCollections

國立陽明大學圖書館
National Yang-Ming University Library

感　謝　函

陳福成君：

　　頃承　惠贈佳籍，內容豐富，彌足珍貴，受領嘉惠，至紉高誼。業經拜收登錄，特此申謝。

並頌

時綏

國立陽明大學圖書館　敬啓

民國103年01月10日

計收：

爲中華民族的生存發展進百書疏等4冊...等，共4冊。

國立陽明大學圖書館
Library of National Yang-Ming University

感　謝　函

陳福成 先生：

頃承　惠贈佳籍，內容豐富，彌足珍貴，受領嘉惠，至紉高誼。業經拜收登錄，特此申謝。

並頌

時綏

國立陽明大學圖書館　敬啓

民國100年10月27日

計收：
台大逸仙學會、
大浩劫後...等
共5冊。

國立陽明大學圖書館
Library of National Yang-Ming University

感　謝　函

陳福成：

　　頃承　惠贈佳籍，內容豐富，彌足珍貴，受領嘉惠，至紉高誼。業經拜收登錄，特此申謝。

並頌

時綏

國立陽明大學圖書館　敬啓

民國100年03月24日

計收：

春秋正義*2、
春秋詩選 …等
共28冊。

國立陽明大學圖書館
Library of National Yang-Ming University

感 謝 函

陳福成 君：

頃承 惠贈佳籍，內容豐富，彌足珍貴，受領嘉惠，至紉高誼。業經拜收登錄，特此申謝。

並頌

時綏

國立陽明大學圖書館 敬啓

民國101年06月01日

計收：

金秋六人行、
中國神譜…等
共5冊。

國立陽明大學圖書館
Library of National Yang-Ming University

感　謝　函

陳福成 先生：

頃承　惠贈佳籍，內容豐富，彌足珍貴，受領嘉惠，至紉高誼。業經拜收登錄，特此申謝。
並頌
時綏

國立陽明大學圖書館　敬啓

民國100年08月09日

計收：
孫子實戰經驗研究、
大陸政策與兩岸關係...等
共17冊。

國立陽明大學圖書館
Library of National Yang-Ming University

感　謝　函

陳福成：

　　頃承　惠贈佳籍，內容豐富，彌足珍貴，受領嘉惠，至紉高誼。業經拜收登錄，特此申謝。
並頌
時綏

國立陽明大學圖書館　敬啓

民國100年06月07日

計收：
我所知道的孫大公*2、
在鳳梅人小橋上...等
共5冊。

國立陽明大學圖書館
National Yang-Ming University Library

感 謝 函

陳福成 君：

頃承 惠贈佳籍，內容豐富，彌足珍貴，受領嘉惠，至紉高誼。業經拜收登錄，特此申謝。

並頌

時綏

國立陽明大學圖書館 敬啓

民國101年11月09日

計收：

西洋政治思想史概述、
政治學方法論概說...等
共6冊。

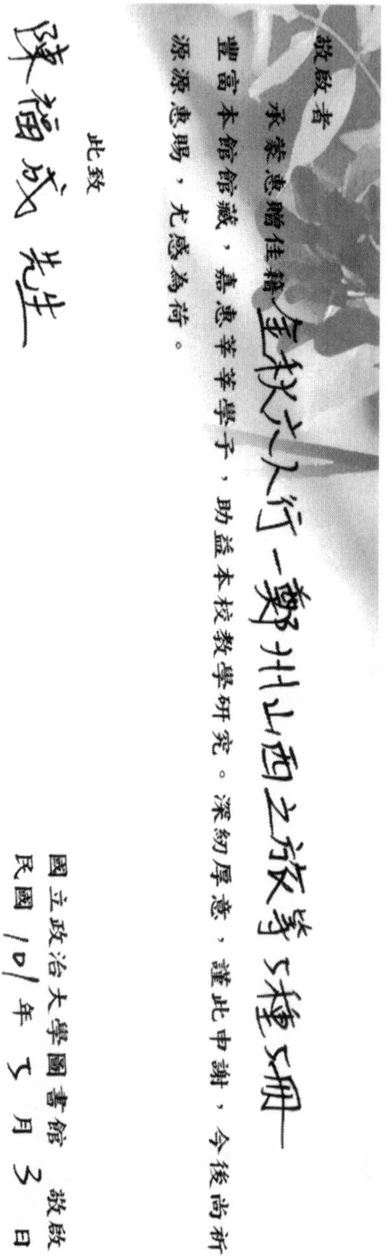

敬啟者

承蒙惠贈佳籍 金秋六人行—鄭州山西之旅等5種5冊

豐富本館館藏，嘉惠莘莘學子，助益本校教學研究。深紉厚意，謹此申謝，今後尚祈

源源惠賜，尤感為荷。

此致

陳福成先生

國立政治大學圖書館 敬啟

民國101年3月3日

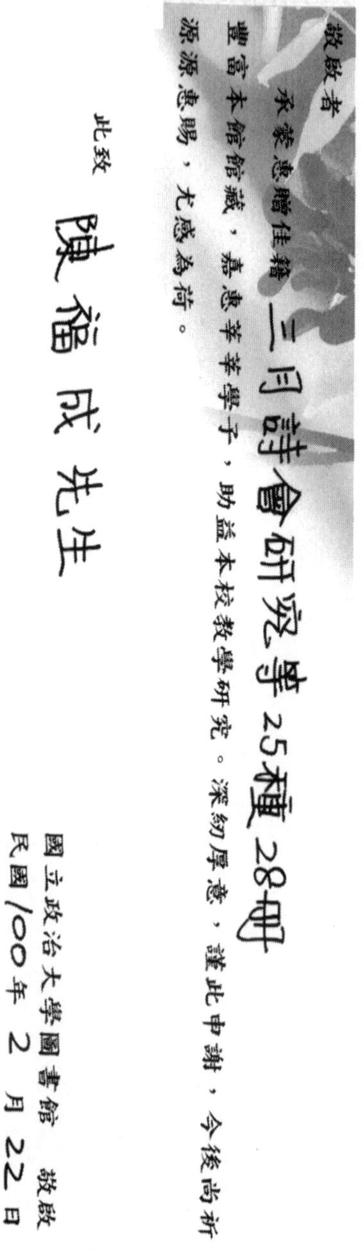

敬啟者

承蒙惠贈佳籍 三月詩會研究等25種28冊

豐富本館館藏，嘉惠莘莘學子，助益本校教學研究。深紉厚意，謹此申謝，今後尚祈

源源惠賜，尤感為荷。

此致

陳福成先生

國立政治大學圖書館 敬啟

民國100年2月22日

敬啟者

承蒙惠贈佳籍 政治學方法論概說等6種6冊

豐富本館館藏，嘉惠莘莘學子，助益本校教學研究。深紉厚意，謹此申謝，今後尚祈源源惠賜，尤感為荷。

此致

陳福成 先生

國立政治大學圖書館 敬啟

民國 101 年 11 月 6 日

敬啟者

承蒙惠贈佳籍 迷航記等七冊

豐富本館館藏，嘉惠莘莘學子，助益本校教學研究。深紉厚意，謹此申謝，今後尚祈源源惠賜，尤感為荷。

此致

陳福成先生

國立政治大學圖書館 敬啟

民國 103 年 3 月 14 日

東吳大學圖書館
Soochow University Library

感謝函

福成先生道鑒：頃承

惠贈《中國神譜：中國民間宗教信仰之理論與實務》等圖書五冊，至感盛意。本館將分類、編目並妥為典藏，供師生閱覽。謹此申謝。並頌

時祺

2012年05月08日

東吳大學圖書館 謹啟

東吳大學圖書館

Soochow University Library

感　謝　函

福成先生鈞鑒：頃承

承蒙惠贈大著予本館，嘉惠學子；現已將所需的圖書清冊隨函附件，煩請各惠贈一本；本館將妥善保存，並供閱覽使用，謹此申謝。並頌

時祺

請寄至台北市士林區臨溪路７０號

東吳大學圖書館採錄組　（贈書）

東吳大學圖書館 謹啟

TEL：２８８１９４７１分機５１７２

中華民國 98 年 12 月 16 日

承辦人：陳育菁

國 立 臺 灣 師 範 大 學 圖 書 館

National Taiwan Normal University Library

謝　函

敬啟者：頃承

惠贈佳籍，內容豐富，裨益館藏充實，嘉惠學子，謹申謝忱。今後如蒙源源分溉，尤為感荷。

此致

陳福成先生

計收：

「三月詩會研究：春秋大業十八年」等書共 2 冊

國立臺灣師範大學圖書館　敬啟

中華民國一〇〇年三月一日

國 立 臺 灣 師 範 大 學 圖 書 館

National Taiwan Normal University Library

感　謝　函

陳先生福成：頃承

惠贈佳籍，內容豐富，裨益館藏充實，嘉惠學子，至紉高誼。

特申謝忱　並頌

時綏

計收：

「讀詩稗記」、「與君賞玩天地寬」、「古晟的誕生」、「臺中開發史」、「嚴謹與浪漫之間」計 5 冊

國立臺灣師範大學圖書館　敬啟

中華民國一〇二年五月十三日

國 立 臺 灣 師 範 大 學 圖 書 館

National Taiwan Normal University Library

謝　函

敬啟者：頃承

惠贈佳籍，內容豐富，裨益館藏充實，嘉惠學子，謹申謝忱。

今後如蒙源源分溉，尤為感荷。

此致

陳福成先生

計收：

「春秋詩選」等書共 4 冊

國立臺灣師範大學圖書館　敬啟

中華民國一〇〇年八月三十一日

國 立 臺 灣 師 範 大 學 圖 書 館

National Taiwan Normal University Library

謝　函

敬啟者：頃承

惠贈佳籍，內容豐富，裨益館藏充實，嘉惠學子，謹申謝忱。

今後如蒙源源分溉，尤為感荷。

此致

陳福成先生

計收：

「找尋理想國：中國式民主政治研究要綱」等書 共 4 冊

國立臺灣師範大學圖書館　敬啟

中華民國一〇〇年五月二十三日

國 立 臺 灣 師 範 大 學 圖 書 館

National Taiwan Normal University Library

謝　函

敬啟者：頃承

惠贈佳籍，內容豐富，裨益館藏充實，嘉惠學子，謹申謝忱。

今後如蒙源源分溉，尤為感荷。

此致

陳先生福成

計收：

「春秋正義」等七冊．過期期刊七冊

國立臺灣師範大學圖書館　敬啟

九十八 年 十二 月 二十八 日

國立臺灣師範大學圖書館

National Taiwan Normal University Library

索贈書單計六冊：

.孫子實戰經驗研究	1冊
.中國歷代戰爭新詮	1冊
.中國四大兵法家新詮	1冊
.國家安全論壇	1冊
.性情世界-陳福成情詩選	1冊
.新領導與管理實務	1冊

資料請逕寄「10610臺北市和平東路一段129號國立臺灣師範大學圖書館採編組」。

[illegible]

第二批

國 立 臺 灣 師 範 大 學 圖 書 館

National Taiwan Normal University Library

謝　函

敬啟者：頃承

惠贈佳籍，內容豐富，裨益館藏充實，嘉惠學子，謹申謝忱。

今後如蒙源源分溉，尤為感荷。

此致

陳先生福成

計收：

「春秋詩選」等十八冊

國立臺灣師範大學圖書館　敬啟

九十九 年 一 月 五 日

國 立 臺 灣 師 範 大 學 圖 書 館

National Taiwan Normal University Library

感　謝　函

陳先生福成：頃承

惠贈佳籍，內容豐富，裨益館藏充實，嘉惠學子，至紉高誼。

特申謝忱　並頌

時綏

計收：

「日本問題的終極處理」、「山西芮城劉焦智<<鳳梅人>>報研究」、

「為中華民族的生存發展進百書疏」計 4 冊

國立臺灣師範大學圖書館　敬啟

中華民國一〇二年九月二十四日

國 立 臺 灣 師 範 大 學 圖 書 館

National Taiwan Normal University Library

感　謝　函

陳先生福成：頃承

惠贈佳籍，內容豐富，裨益館藏充實，嘉惠學子，至紉高誼。

業經拜收登錄，編目珍藏後，即可供眾閱覽，特申謝忱　並頌

時綏

計收：

「政治學方法論概說」、「西洋政治思想史概述」、「最自在的是彩霞」、「臺灣邊陲之美」、「大浩劫後」、「我們的春秋大業」計六冊

國立臺灣師範大學圖書館　敬啟

中華民國一〇一年十一月十三日

福成先生鈞鑒：

頃承惠贈下列書刊：<<政治學方法論概說>>、<<臺灣邊陲之美 行腳誦詩.跫音歌唱>>、<<我們的春秋大業 三月詩會二十年別集>>等圖書共六冊，深感厚意。除登錄編目善為珍藏以供參閱外，謹致　謝忱。

中國文化大學圖書館　敬啟

中華民國 101 年 11 月 6 日

陳理事福成先生鈞鑒：

頃承惠贈下列書刊：<<臺中開發史 兼臺中龍井陳家移臺略考>>、<<讀詩稗刊 蟾蜍山萬盛草齋文存>>、<<與君賞玩天地寬 我在傾聽你的說法>>等圖書共五冊，深感厚意。除登錄編目善為珍藏以供參閱外，謹致　謝忱。

中國文化大學圖書館 敬啟

中華民國 102 年 5 月 10 日

陳福成先生 鈞鑒：

荷蒙惠贈下列書刊：<<找尋理想國-中國式民主政治研究要綱>>、<<漸凍勇士陳宏傳-他和劉學慧的傳奇故事>>等圖書共4冊，深感厚意。除登錄編目善為珍藏以供參閱外，謹致 謝忱。

中國文化大學圖書館 敬啓

中華民國 100 年 5 月 23 日

陳福成先生鈞鑒：

頃承惠贈下列書刊: <<台大逸仙學會>>、<<第四波戰爭開山鼻祖賓拉登>>、<<神劍與屠刀>>等圖書共5冊，深感厚意。除登錄編目善為珍藏以供參閱外，謹致　謝忱。

中國文化大學圖書館　敬啓

中華民國 100 年 8 月 25 日

陳福成先生鈞鑒：

荷蒙惠贈下列書刊：<<頓悟學習>>、<<國家安全論壇>>、<<PHILADELPHIA>>等中、西文圖書共31冊，深感厚意。除登錄編目善為珍藏以供參閱外，謹致 謝忱。

中國文化大學圖書館 敬啓

中華民國 100 年 2 月 21 日

陳福成先生鈞鑒：

頃承惠贈下列書刊：<<中國神譜>>、<<台北公館地區開發史>>、<<金秋六人行>>等圖書共五冊，深感厚意。除登錄編目善為珍藏以供參閱外，謹致　謝忱。

中國文化大學圖書館　敬啓

中華民國 101 年 5 月 3 日

陳福成先生鈞鑒：

荷蒙惠贈下列書刊：<<國家安全與戰略關係>>、<<五十不惑>>、<<公主與王子的夢幻>>等圖書共 18 冊，深感厚意。除登錄編目善為珍藏以供參閱外，謹致　謝忱。

中國文化大學圖書館　敬啓

中華民國 100 年 11 月 7 日

福成先生鈞鑒：

頃承惠贈下列書刊：<<為中華民族的生存發展進百書疏 ：孫大公的思想主張書函手稿>>、<<「日本問題」的終極處理 ：廿一世紀中國人的天命與扶桑省建設要綱>>、<<山西芮城劉焦智<<鳳梅人>>報研究 ：論文化文學藝術交流>>等圖書共四冊，深感厚意。除登錄編目善為珍藏以供參閱外，謹致　謝忱。

中國文化大學圖書館 敬啟

中華民國 102 年 9 月 17 日

福成先生鈞鑒：

　　頃承惠贈下列書刊:
<<台北公館地區開發史 : 台大.公館.講古>>、
<<幻夢花開一江山 : 關於蟾蜍山詩稿>>、
<<性情世界 : 陳福成情詩集>>、
<<我們的春秋大業 : 三月詩會二十年別集>>等
圖書資料共六冊，深感厚意。除登錄編目善為珍藏以供參閱外，謹致
謝忱。

中國文化大學圖書館　敬啓

中華民國 103 年 3 月 19 日

圖九八技贈字第〇九四號

世新大學圖書館

逕啓者：頃承

惠贈佳籍，至紉

高誼。已編目珍藏，供衆閱覽。謹肅

蕪箋，藉申謝忱。此致

陳福成先生

世新大學圖書館

敬啓

【赤縣行腳•神州心旅：迴盪千載的夢魂遊蹤】等書四十六冊。

中華民國九十九年二月五日

地　址：台北市（一一六）文山區木柵路一段十七巷一號
電　話：（〇二）二二三六八二二五轉二二六四
傳　真：（〇二）二二三六〇四二九
承辦人：盧曉梅　e-mail:hmlu@cc.shu.edu.tw

世新大學圖書館

逕啓者：頃承

惠贈佳籍，至紉

高誼。已編目珍藏，供眾閱覽。謹肅

蕪箋，藉申謝忱。此致

陳福成先生

世新大學圖書館 敬啓

【男人和女人的情話真話：兩性關係的生活智慧】等書五冊。

中華民國九十九年十二月九日

地　址：台北市（一一六）文山區木柵路一段十七巷一號
電　話：（〇二）二二三六八二二五轉二二六四
傳　真：（〇二）二二三六〇四二九
承辦人：盧曉梅　e-mail:hmlu@cc.shu.edu.tw

圖九九技贈字第〇八七號

世新大學圖書館

逕啓者：頃承
惠贈佳籍，至紉
高誼。已編目珍藏，供眾閱覽。謹肅
蕪箋，藉申謝忱。此致
陳福成先生
世新大學圖書館

敬啓

【迷情、奇謀、輪迴】等書二冊。

中華民國一〇〇年三月一日

地　址：台北市（一一六）文山區木柵路一段十七巷一號
電　話：（〇二）二二三六八二二五轉二二六四
傳　真：（〇二）二二三六〇四二九
承辦人：盧曉梅　e-mail:hmlu@cc.shu.edu.tw

世新大學

116 04 台北市文山區木柵路一段十七巷一號

收件者： (單位名稱)	陳福成君	寄件者： (本案承辦人)	施卓群 (圖書館員)
電話：		日期：	98 年 12 月 18 日 14:10
傳真：		電話：	02-2236-8225 轉 2263
行動：		E-mail：	Cdshih@cc.shu.edu.tw
地址：	116 台北市文山區萬盛街 74-1 號 2 樓	傳真號碼：	02-2236-0429

陳先生您好：

請惠贈您之著作(如台端作品清單)各二本 予本館為荷！

收件者：世新大學圖書館 施卓群

地　址：11604 台北市文山區木柵路一段十七巷一號

※可賜電飭本館開車自行前來提領

電話：2236-8225#2263　施卓群

謹祝文安

謝謝您　施卓群敬上

世新大學圖書館

敬啓者：頃承

惠贈佳籍，至紉

高誼。已編目珍藏，供眾閱覽。謹肅

蕪箋，藉申謝忱。此致

陳福成先生

世新大學圖書館

敬啓

【從皈依到短期出家】等書五冊。

中華民國一〇一年五月二日

地　址：台北市（一一六）文山區木柵路一段十七巷一號
電　話：（〇二）二二三六八二二五轉二二六四
傳　真：（〇二）二二三六〇四二九
承辦人：盧曉梅　e-mail:hmlu@cc.shu.edu.tw

世新大學圖書館

敬啓者：頃承

惠贈佳籍，至紉

高誼。已編目珍藏，供眾閱覽。謹肅

蕪箋，藉申謝忱。此致

陳福成先生

世新大學圖書館

敬啓

【古晟的誕生】等書五冊。

中華民國一〇二年五月九日

電　話：（〇二）二二三六八二二五轉二二六四
傳　真：（〇二）二二三六〇四二九
承辦人：盧曉梅　e-mail:hmlu@cc.shu.edu.tw

圖一〇一技贈字第〇三六號

世新大學圖書館

敬啓者：頃承

惠贈佳籍，至紉

高誼。已編目珍藏，供眾閱覽。謹肅

蕪箋，藉申謝忱。此致

陳福成先生

【最自在的是彩霞】等書六冊。

世新大學圖書館

敬啓

中華民國一〇一年十一月五日

地　址：台北市（一一六）文山區木柵路一段十七巷一號
電　話：（〇二）二二三六八二二五轉二二六四
傳　真：（〇二）二二三六〇四二九
承辦人：盧曉梅　e-mail:hmlu@cc.shu.edu.tw

世新大學圖書館

圖一〇〇技贈字第〇一四號

逕啓者：頃承

惠贈佳籍，至紉

高誼。已編目珍藏，供眾閱覽。謹肅

蕪箋，藉申謝忱。此致

陳福成先生

世新大學圖書館

敬啓

【春秋記實】等書五冊。

中華民國一〇〇年八月三十日

地　址：台北市（一一六）文山區木柵路一段十七巷一號
電　話：（〇二）二二三六八二二五轉二二六四
傳　真：（〇二）二二三六〇四二九
承辦人：盧曉梅　e-mail:hmlu@cc.shu.edu.tw

世新大學圖書館

敬啓者：頃承

惠贈佳籍，至紉

高誼。已編目珍藏，供眾閱覽。謹肅

蕪箋，藉申謝忱。此致

陳福成先生

世新大學圖書館

敬啓

【迷航記】等書四冊。

中華民國一〇二年九月十六日

電　話：(〇二)二二三六八二二二五轉二二六四
傳　真：(〇二)二二三六〇四二九
承辦人：盧曉梅　e-mail:hmlu@cc.shu.edu.tw

景文科技大學
新北市新店區安忠路99號
JINWEN UNIVERSITY OF SCIENCE AND TECHNOLOGY
No.99, Anzhong Rd., Xindian Dist., New Taipei City 23154, Taiwan (R.O.C.)
TEL:(02)8212-2000（代表號）　FAX:(02)8212-2873
http://www.just.edu.tw

贈書感謝函

景大福獎字第1021572號

陳福成先生 道鑒：

102年9月16日承蒙授贈圖書(含光碟) 4冊/件，厚實館藏、嘉惠師生，深紉厚意，不勝感禱，特致謝忱！

耑 此

敬 頌

時 祺

景文科技大學圖資處 敬啟

（印：景文科技大學圖資處 資源管理組 新北市新店區安忠路99號）

102年10月11日

景文科技大學
新北市新店區安忠路99號
JINWEN UNIVERSITY OF SCIENCE AND TECHNOLOGY
No.99, Anzhong Rd., Xindian Dist., New Taipei City 23154, Taiwan (R.O.C.)
TEL:(02)8212-2000（代表號）　FAX:(02)8212-2873
http://www.just.edu.tw

陳福成先生道鑒：

101 年 5 月 17 日頃蒙惠贈圖書 6 冊，本館將納入館藏。承蒙嘉惠師生，深紉厚意，不勝感禱，謹申謝忱。 耑此

敬 頌

時 祺

景文科技大學圖書館　敬啟

中 華 民 國 101 年 6 月 1 日

陳福成先生道鑒：

承蒙 惠贈『頓悟學習』等圖書42冊，深感厚意，謹致謝忱。今後尚祈源源惠賜，以增輝我館典藏為禱。耑此

敬頌

時祺

淡江大學覺生紀念圖書館 敬啟

中華民國一〇〇年十一月二日

聯絡人：林怡軒小姐

電話：886-2-26215656#2148

傳真：886-2-26209918

E-Mail：yihsuan@mail.tku.edu.tw

陳福成先生道鑒：

承蒙 惠贈『漸凍勇士陳宏傳：他和劉學慧的傳奇故事』等圖書4冊，深感厚意，謹致謝忱。今後尚祈源源惠賜，以增輝我館典藏為禱。耑此

敬頌

時祺

淡江大學覺生紀念圖書館 敬啟

中華民國一○○年五月二十三日

聯絡人：林怡軒小姐

電話：886-2-26215656#2148

傳真：886-2-26209918

E-Mail：yihsuan@mail.tku.edu.tw

陳福成先生/小姐道鑒：

承蒙 惠贈『中國當代平民詩人王學忠詩歌劄記』等圖書 5 冊，深感厚意，謹致謝忱。今後尚祈源源惠賜，以增輝我館典藏為禱。耑此

敬頌

時祺

淡江大學覺生紀念圖書館 敬啟

中華民國 101 年 6 月 7 日

聯絡人：林怡軒小姐

電話：886-2-26215656#2148

傳真：886-2-26209918

E-Mail：yihsuan@mail.tku.edu.tw

陳福成先生道鑒：

承蒙 惠贈『公主與王子的夢幻』等圖書5冊，深感厚意，謹致謝忱。今後尚祈源源惠賜，以增輝我館典藏為禱。耑此

敬頌

時祺

淡江大學覺生紀念圖書館 敬啟

中華民國一〇〇年九月二十一日

聯絡人：林怡軒小姐

電話：886-2-26215656#2148

傳真：886-2-26209918

E-Mail：yihsuan@mail.tku.edu.tw

陳先生：您好！

大作『國家安全與情治機關的弔詭』等書，內容精闢，深具參考價值，懇請　惠贈本館各二冊，俾便庋藏，提供眾覽。如蒙應允，請逕寄聯絡人。耑此

敬頌

時祺

覺生紀念圖書館　敬啟
九十八年十二月十四日

聯絡人：梁鴻栩　先生
電　話：(02)26215656 轉 2148
傳　真：(02)26209918
E-mail　：arsh@mail.tku.edu.tw

陳福成先生/小姐道鑒：

承蒙 惠贈『三月詩會研究：春秋大業十八年』等圖書2冊，深感厚意，謹致謝忱。今後尚祈源源惠賜，以增輝我館典藏為禱。耑此

敬頌

時祺

淡江大學覺生紀念圖書館 敬啟

中華民國一〇〇年三月四日

聯絡人：林怡軒小姐

電話：886-2-26215656#2148

傳真：886-2-26209918

E-Mail：yihsuan@mail.tku.edu.tw

陳福成先生道鑒：

承蒙 惠贈『西洋政治思想史概述』等圖書6冊，深感厚意，謹致謝忱。今後尚祈源源惠賜，以增輝我館典藏為禱。耑此

敬頌

時祺

淡江大學覺生紀念圖書館 敬啟

中華民國101年12月11日

聯絡人：林怡軒小姐

電話：886-2-26215656#2148

傳真：886-2-26209918

E-Mail：yihsuan@mail.tku.edu.tw

陳福成先生/小姐道鑒：

承蒙 惠贈『古晟的誕生』等圖書5冊，深感厚意，謹致謝忱。

今後尚祈源源惠賜，以增輝我館典藏為禱。耑此

敬頌

時祺

淡江大學覺生紀念圖書館 敬啟

中華民國102年6月5日

聯絡人：林怡軒小姐

電話：886-2-26215656#2148

傳真：886-2-26209918

E-Mail：yihsuan@mail.tku.edu.tw

陳福成先生/小姐道鑒：

承蒙 惠贈『西洋政治思想史概述』等圖書共6冊，深感厚意，謹致謝忱。今後尚祈源源惠賜，以增輝我館典藏為禱。耑此

敬頌

時祺

淡江大學覺生紀念圖書館 敬啟

中華民國103年4月30日

聯絡人：林怡軒小姐

電話：886-2-26215656#2148

傳真：886-2-26209918

E-Mail：yihsuan@mail.tku.edu.tw

國立清華大學圖書館
National Tsing Hua University Library

敬啟者您好：

我們是國立清華大學圖書館館員．關於提供個人著作予本校圖書館，我們竭誠歡迎並感謝．身為圖書館服務的人員來說，您的支持是我們源源不絕服務的動力。如若數量許可，清單所附書目請各贈送乙冊，裨益我們典藏．

有關贈書與本館之任何其他問題，歡迎隨時與我們聯絡．

國立清華大學圖書館採編組　敬啟

業務聯絡人：賴小姐

聯絡電話：03-5742239

地址：30013 新竹市光復路二段 101 號（清華大學圖書館賴小姐啟）

國立清華大學圖書館
National Tsing Hua University Library

編號	書名
3	防衛大台灣：台海安全與三軍戰略大佈局
6	解開兩岸 10 大弔詭
9	尋找一座山：陳福成創作集
13	五十不惑：一個軍校生的半生塵影
19	春秋記實：台灣地區獨派執政的觀察與批判
23	新領導與管理實務：新叢林時代領袖群倫的政治智慧
24	一個軍校生的台大閒情
25	春秋正義
26	頓悟學習
27	公主與王子的夢幻
28	幻夢花開一江山
31	春秋詩選
32	愛倫坡恐怖推理小說經典新選
37	山西芮城劉焦智《鳳梅人》報研究
39	八方風雲.性情世界：陳福成詩集
41	赤縣行腳.神州心旅：迴盪千載的夢魂遊蹤

國立交通大學圖書館
National Chiao Tung University Library
1001 Ta Hsueh Rd, Hsinchu, Taiwan, 300, R.O.C.　300新竹市大學路1001號　Tel:886-3-5712121　Fax:886-3-5718925

陳福成先生鈞鑒:

承蒙 惠贈圖書《嚴謹與浪漫之間：范揚松生涯轉折與文學風華》等5冊，深紉厚意。其增益本館館藏，嘉惠本校師生，貢獻良多，除登錄編目妥為珍藏，供眾研閱外，特函申謝。今後如蒙源源分溉，尤為感荷。

交通大學圖書館　敬啟

國立交通大學圖書館
National Chiao Tung University Library
1001 Ta Hsueh Rd, Hsinchu, Taiwan, 300, R.O.C.　300新竹市大學路1001號　Tel:886-3-5712121　Fa

陳先生福成鈞鑒：

承蒙 惠贈圖書 5 冊，深紉厚意。其增益本館館藏，嘉惠本校師生，貢獻良多，除登錄編目妥為珍藏，供眾研閱外，特函申謝。今後如蒙源源分溉，尤為感荷。

計開

1. 找尋理想國：中國式民主政治研究要綱 1 冊
2. 我所知道的孫大公：黃埔 28 期孫大公研究 2 冊
3. 漸凍勇士陳宏傳：他和劉學慧的傳奇故事 1 冊
4. 在「鳳梅人」小橋上：中國山西芮城三人行 1 冊

交通大學圖書館　敬啟

國立交通大學圖書館
National Chiao Tung University Library
1001 Ta Hsueh Rd, Hsinchu, Taiwan, 300, R.O.C.　300新竹市大學路1001號　Tel:886-3-5712121　Fax:886-3-5718925

陳先生福成鈞鑒：

承蒙 惠贈圖書2冊，深紉厚意。其增益本館館藏，嘉惠本校師生，貢獻良多，除登錄編目妥為珍藏，供眾研閱外，特函申謝。今後如蒙源源分溉，尤為感荷。

計開

1.　迷情.奇謀.輪迴　1冊

2.　三月詩會研究：春秋大業十八年　1冊

交通大學圖書館敬啟

國立交通大學圖書館
National Chiao Tung University Library
1001 Ta Hsueh Rd, Hsinchu, Taiwan, 300, R.O.C.　300新竹市大學路1001號　Tel:886-3-5712121　Fax

陳先生福成鈞鑒:

承蒙 惠贈圖書5冊，深紉厚意。其增益本館館藏，嘉惠本校師生，貢獻良多，除登錄編目妥為珍藏，供眾研閱外，特函申謝。今後如蒙源源分溉，尤為感荷。

計開

1. 金秋六人行：鄭州山西之旅 1冊
2. 中國神譜 1冊
3. 迷情、奇謀、輪迴：被詛咒的島嶼(一)1冊
4. 從皈依到短期出家 1冊
5. 中國當代平民詩人王學忠詩歌劄記 1冊

交通大學圖書館　敬啟

國立交通大學圖書館
National Chiao Tung University Library
1001 Ta Hsueh Rd, Hsinchu, Taiwan, 300, R.O.C. 300新竹市大學路1001號 Tel:886-3-5712121 Fax:

陳先生福成鈞鑒：

承蒙 惠贈圖書《男人和女人的情話真話：兩性關係的生活智慧》等 4 冊，深紉厚意。其增益本館館藏，嘉惠本校師生，貢獻良多，除登錄編目妥為珍藏，供眾研閱外，特函申謝。今後如蒙源源分溉，尤為感荷。

交通大學圖書館 敬啟

國立交通大學圖書館
National Chiao Tung University Library
1001 Ta Hsueh Rd, Hsinchu, Taiwan, 300, R.O.C. 300新竹市大學路1001號 Tel:886-3-5712121 Fa

陳先生福成鈞鑑：

承蒙 惠贈圖書《中國歷代戰爭新詮》等 23 冊，深紉厚意。其增益本館館藏，嘉惠本校師生，貢獻良多，除登錄編目妥為珍藏，供眾研閱外，特函申謝。今後如蒙源源分溉，尤為感荷。

交通大學圖書館 敬啟

國立交通大學圖書館
National Chiao Tung University Library
1001 Ta Hsueh Rd. Hsinchu, Taiwan, 300. R.O.C. 300新竹市大學路1001號 Tel:886-3-5712121 Fax

陳先生福成鈞鑑:

承蒙 惠贈圖書，深紉厚意.本館經查核複本後,欲索贈圖書書目與數量,請參閱附件.

本館資訊如下:

收件地址:300 新竹市大學路 1001 號

收件者:交大圖書館採編組

交通大學圖書館 敬啟

國立交通大學圖書館
National Chiao Tung University Library
1001 Ta Hsueh Rd. Hsinchu, Taiwan, 300. R.O.C. 300新竹市大學路1001號 Tel:886-3-5712121 Fax

陳先生福成鈞鑒:

承蒙 惠贈圖書《西洋政治思想史概述》等 6 冊，深紉厚意。熱心教育，嘉惠學子，特函申謝。

交通大學圖書館 敬啟

國立交通大學圖書館
National Chiao Tung University Library
1001 Ta Hsueh Rd, Hsinchu, Taiwan, 300, R.O.C. 300新竹市大學路1001號 Tel:886-3-5712121 Fax

陳先生福成鈞鑒：

承蒙 惠贈圖書5冊，深紉厚意。其增益本館館藏，嘉惠本校師生，貢獻良多，除登錄編目妥為珍藏，供眾研閱外，特函申謝。今後如蒙源源分溉，尤為感荷。

計開

1. 公主與王子的夢幻 1冊
2. 第四波戰爭開山鼻祖賓拉登—及戰爭之常變研究要綱 1冊
3. 台大逸仙學會 1冊
4. 迷情・奇謀・輪迴—被詛咒的島嶼(一) 1冊
5. 大浩劫後：日本東京都知事石原慎太郎「天譴說」溯源探解 1冊

交通大學圖書館 敬啟

國立台東大學圖書館
National Taitung University Library

感謝函

陳福成　　先生/小姐：頃承

惠贈佳籍，內容豐富，彌足珍貴，受領嘉惠，至紉高誼。業經拜收登錄，編目珍藏後，即可供眾閱覽。特此申謝。　並頌

時綏

國立台東大學圖書館　國立臺東大學圖書館　敬啟

計收：

序號	書名	數量	資料型態	備註
1.	中國神譜-中國民間宗教信仰之理論與實務	1	圖書	
2.	中國當代平民詩人王學忠詩歌剖記	1	圖書	
3.	金秋六人行-鄭州山西之旅	1	圖書	
．．．等，計 5 筆，共 5 冊(件)。 (詳細查詢網址: http://210.240.175.26/donation/dbs.asp?id=1922&f=1&n=101080130)				

列印日期: 2012/08/10

NTTU Library

國立台東大學圖書館

National Taitung University Library

感 謝 函

陳福成　　先生/小姐：頃承

惠贈佳籍，內容豐富，彌足珍貴，受領嘉惠，至紉

高誼。業經拜收登錄，編目珍藏後，即可供眾閱覽。

特此申謝。　並頌

時綏

國立台東大學圖書館 國立臺東大學圖書館 敬啟

計收：

序號	書名	數量	資料型態	備註
1.	在「鳳梅人」小橋上:中國山西芮城三人行	1	圖書	
2.	我所知道的孫大公:黃埔27期孫大公研究	1	圖書	
3.	找尋理想國:中國式民主政治研究要綱	1	圖書	
・・・等，計4筆，共4冊(件)。 (詳細查詢網址: http://210.240.175.26/donation/dbs.asp?id=1922&f=1&n=100050036)				

列印日期: 2011/05/27

國立台東大學圖書館
National Taitung University Library

感謝函

陳福成 先生/小姐：頃承

惠贈佳籍，內容豐富，彌足珍貴，受領嘉惠，至紉高誼。業經拜收登錄，編目珍藏後，即可供眾閱覽。

特此申謝。 並頌

時綏

國立台東大學圖書館 敬啟

計收：

序號	書名	數量	資料型態	備註
1.	一個軍校生的台大閒情	1	圖書	
2.	三月詩會研究:春秋大業十八年	1	圖書	
3.	山西芮城劉焦智<鳳梅人>報研究	1	圖書	

・・・等，計 17 筆，共 17 冊(件)。
(詳細查詢網址: http://210.240.175.26/donation/dbs.asp?id=1922&f=1&n=10004031)

列印日期: 2011/04/28

NTTU Library

國立台東大學圖書館

National Taitung University Library

感 謝 函

陳福成　　先生/小姐：頃承

惠贈佳籍，內容豐富，彌足珍貴，受領嘉惠，至紉

高誼。業經拜收登錄，編目珍藏後，即可供眾閱覽。

特此申謝。　並頌

時綏

國立台東大學圖書館　敬啟

計收：

序號	書名	數量	資料型態	備註
1.	一個軍校生的台大閒情	1	圖書	
2.	五十不惑：一個軍校生的半生塵影	1	圖書	
3.	台大逸仙學會	1	圖書	

．．．等，計 5 筆，共 5 冊(件)。
(詳細查詢網址: http://210.240.175.26/donation/dbs.asp?id=1922&f=1&n=100090051)

列印日期: 2011/09/29

NTTU Library

國立台東大學圖書館

National Taitung University Library

感謝函

陳福成　　先生/小姐：頃承

惠贈佳籍，內容豐富，彌足珍貴，受領嘉惠，至紉高誼。業經拜收登錄，編目珍藏後，即可供眾閱覽。特此申謝。　並頌

時綏

國立臺東大學圖書館（印）

國立台東大學圖書館　敬啟

計收：

序號	書名	數量	資料型態	備註
1.	大浩劫後：日本東京都知事石原慎太郎「天譴說」溯源探解	1	圖書	
2.	西洋政治思想史概述	1	圖書	
3.	我們的春秋大業：三月詩會二十年別集	1	圖書	
．．．等，計 6 筆，共 6 冊(件)。 (詳細查詢網址: http://210.240.175.26/donation/dbs.asp?id=1922&f=1&n=101120077)				

列印日期: 2012/12/27

國立中央大學圖書館

陳先生福成道鑒：

承　贈佳籍一批惠及學子，深感關切學校之至意，慨捐之圖書由圖書館編目并珍藏外，特申謝忱。

順頌　時祺

國立中央大學圖書館　謹啟

中華民國 99 年 1 月 18 日

國立中央大學圖書館

陳福成先生道鑒：茲悉

陳福成先生著作，內容豐富，亟具學術研究價值，因本校師生之研究所需，爰特函請惠贈，俾充實本館館藏。倘蒙惠允，無任感荷。

索贈書籍資料如下：

中國歷代戰爭新詮lf 陳福成著
中國政治思想新詮lf 陳福成著
中國四大兵法家新詮lf 陳福成著
中國近代黨派發展研究新詮lf 陳福成著
春秋圖鑑：回頭看中國近代百年史lf 陳福成著
歷史上的三把利刃le 部落主義、種族主義與民族主義lf 陳福成著
性情世界le 陳福成情詩集lf 陳福成
新領導與管理實務ld 新叢林時代領袖群倫的智慧lf 陳福成著

國立中央大學圖書館　　　謹啟

民國 9 8 年 12 月 22 日

承辦人：張璧華小姐

國立中央大學圖書館採編組
Tel: 03-4227151　ext. 57414
Fax: 03-4257375

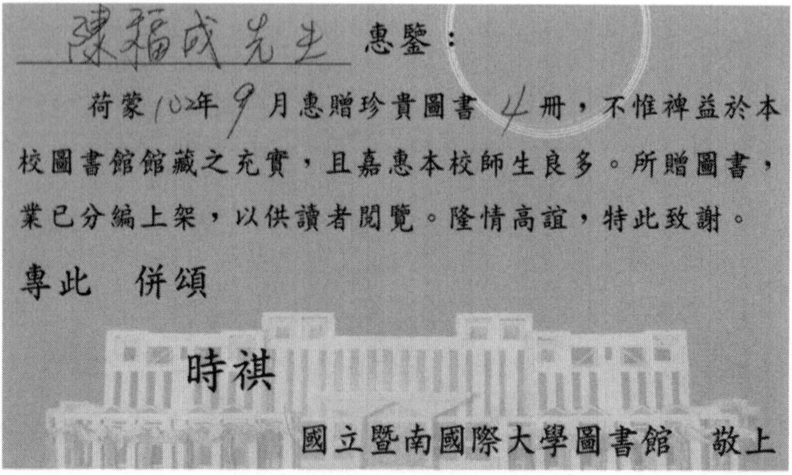

陳福成先生　惠鑒：

荷蒙102年9月惠贈珍貴圖書4冊，不惟裨益於本校圖書館館藏之充實，且嘉惠本校師生良多。所贈圖書，業已分編上架，以供讀者閱覽。隆情高誼，特此致謝。

專此　併頌

時祺

國立暨南國際大學圖書館　敬上

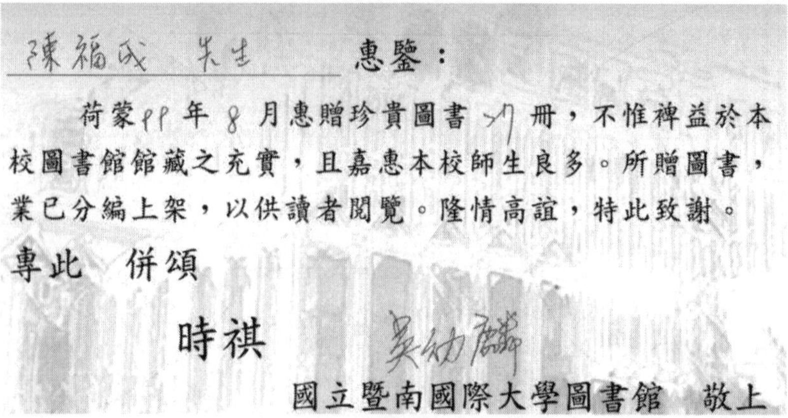

陳福成　先生　惠鑒：

荷蒙99年8月惠贈珍貴圖書17冊，不惟裨益於本校圖書館館藏之充實，且嘉惠本校師生良多。所贈圖書，業已分編上架，以供讀者閱覽。隆情高誼，特此致謝。

專此　併頌

時祺　吳幼麟

國立暨南國際大學圖書館　敬上

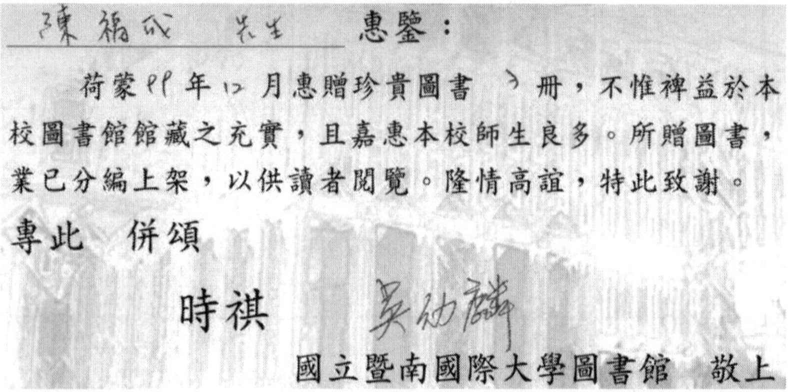

陳福成　先生　惠鑒：

荷蒙99年12月惠贈珍貴圖書3冊，不惟裨益於本校圖書館館藏之充實，且嘉惠本校師生良多。所贈圖書，業已分編上架，以供讀者閱覽。隆情高誼，特此致謝。

專此　併頌

時祺　吳幼麟

國立暨南國際大學圖書館　敬上

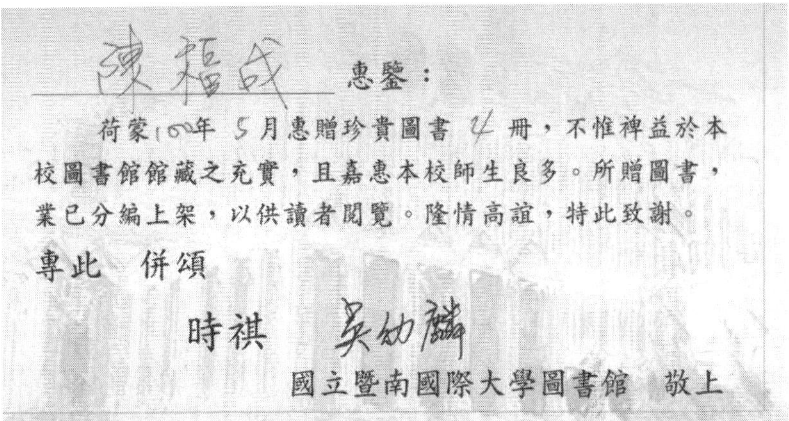

陳福成 惠鑒：

荷蒙100年 5月惠贈珍貴圖書 4 冊，不惟裨益於本校圖書館館藏之充實，且嘉惠本校師生良多。所贈圖書，業已分編上架，以供讀者閱覽。隆情高誼，特此致謝。

專此 併頌

時祺 吳幼麟

國立暨南國際大學圖書館 敬上

感恩的心 感謝有你 花開花落 我依然會珍惜
Http://www.library.ncnu.edu.tw/literature_tw/
Http://www.library.ncnu.edu.tw/reading/

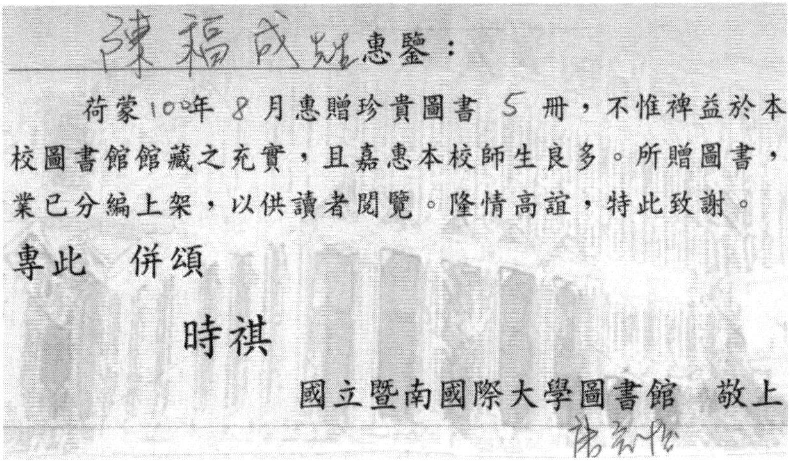

陳福成先生 惠鑒：

荷蒙100年 8月惠贈珍貴圖書 5 冊，不惟裨益於本校圖書館館藏之充實，且嘉惠本校師生良多。所贈圖書，業已分編上架，以供讀者閱覽。隆情高誼，特此致謝。

專此 併頌

時祺

國立暨南國際大學圖書館 敬上

國立暨南國際大學
National Chi Nan University
南投縣埔里鎮大學路 1 號　No.1, University Rd., Puli, Nantou County 54561, Taiwan(ROC)
電話：(049)2910960　傳真：(049)2910413
TEL:886-49-2910960 FAX:886-49-2910413

陳先生您好：

欣聞您的大作將分享於社會大眾，國立暨南大學圖書館有幸根據館藏發展政策查核複本後，挑選您的著作29冊，詳如附件勾選。(以)

感謝您慷慨捐贈！！

敬祝 平安喜樂

暨南大學圖書館
採編組 賴坤玉 敬上
民國99年8月10日

收件單位：545南投縣埔里鎮大學路500號
國立暨南國際大學圖書館
賴坤玉 先生
（電話：049 2910960 #4333）

國立東華大學圖書館

National Dong Hwa University Library

1-20, Sec. 2, Da Hsueh Rd.,
Shoufeng, Hualien 97401, Taiwan, R.O.C.
TEL：+886-3-863-2835 Hsiu-Man Lin
FAX：+886-3-863-2800
http://www.lib.ndhu.edu.tw
E-mail：lsm@mail.ndhu.edu.tw

97401 花蓮縣壽豐鄉
大學路二段 1-20 號
電話：(03)863-2835 林秀滿小姐
傳真：(03)863-2800
http://www.lib.ndhu.edu.tw
E-mail：lsm@mail.ndhu.edu.tw

陳福成先生：

　　您好！

　　承蒙　惠贈《從皈依到短期出家》等圖書五冊，嘉惠本校師生，助益良多。特函申謝。

　　敬　祝

平　安

國立東華大學圖書館

101 年 5 月 2 日

採編組
林秀滿小姐
電話：03-8632835

正本

檔　號：
保存年限：

南華大學　函

地址：62249嘉義縣大林鎮南華路一段55號
承辦人：徐淑敏
電話：(05)2721001分機1410
Email: smhsu@mail.nhu.edu.tw

受文者：陳福成先生

發文日期：中華民國99年12月29日
發文字號：南華圖字第0991200703號
速別：普通件
密等及解密條件或保密期限：普通
附件：陳福成重要著編譯作品（南華大學索贈清單)--Excel電子檔

裝

主旨：懇請 惠賜台端所出版之圖書(清單如附件)，以擴充本校圖書館館藏，嘉惠學子，敬請 惠允。

說明：

一、依　台端99年12月來函辦理。

二、贈書收件人聯絡方式：62249嘉義縣大林鎮南華路一段55號 南華大學圖書館 徐淑敏小姐，聯絡電話：(05)2721001分機1410。

訂

正本：陳福成先生
副本：本校圖書館

校長 陳淼勝

線

南華大學圖書館感謝狀

南華圖謝外字第 1000501 號

　　茲感謝陳福成先生　惠贈圖書「找尋理想國：中國式民主政治研究要綱」等四冊，獎掖學術，功在士林，謹致謝忱。

南華大學圖書館

館長　謹上

中華民國 100 年 5 月 23 日

南華大學圖書館感謝狀

南華圖謝外字第 1000501 號

茲感謝陳福成先生 惠贈圖書「找尋理想國：中國式民主政治研究要綱」等四冊，獎掖學術，功在士林，謹致謝忱。

無盡藏

南華大學圖書館

館長 陳中冀 謹上

中華民國 100 年 5 月 23 日

敬啟者

承蒙貴單位惠贈政治學方法論概說共6冊

本館將編目珍藏　嘉惠學子　專此申致謝

意。爾後仍請繼續支持贈予。

敬祝

福慧增長

南華大學圖書館敬上

民國101年11月6日

敬啟者

承蒙貴單位惠贈　與君賞玩天地寬共5冊

本館將編目珍藏　嘉惠學子　專此申致謝

意。爾後仍請繼續支持贈予。

敬祝

福慧增長

南華大學圖書館敬上

民國102年5月9日

敬啟者
承蒙貴單位惠贈　迷航記　共4冊
本館將編目珍藏　嘉惠學子　專此申致謝
意。爾後仍請繼續支持贈予。
敬祝
福慧增長

南華大學圖書館敬上
民國102年9月17日

敬啟者
承蒙貴單位惠贈　迷航記　共4冊
本館將編目珍藏　嘉惠學子　專此申致謝
意。爾後仍請繼續支持贈予。
敬祝
福慧增長

南華大學圖書館敬上
民國102年9月17日

敬啟者
承蒙貴單位惠贈「三月詩會研究」等，共二冊
本館將編目珍藏　嘉惠學子　專此申致謝
意。爾後仍請繼續支持贈予。
敬祝
福慧增長

南華大學圖書館敬上
民國100年3月1日

福成先生大鑒

十分感謝您的慷慨相贈，本館經查核藏書後，僅27種是館內沒有的收藏，敬請各贈與二冊，其中編号⑩因館內已有一冊藏書，故只需再要贈一冊即可，非常感謝！耑此

敬頌

時祺

銘傳大學
圖書館採編組敬上
98年12月21日

陳先生大鑒：

承蒙惠贈尋找理想國圖書 4冊（套）業經點收，即予編目典藏，供師生閱覽，隆情厚誼，深為感荷，謹函申謝。

耑此 順頌

時祺

銘傳大學

圖書館館長 何祖鳳 敬啟

101年5月24日

陳先生 大鑒：

承蒙惠贈「大陸劫後」等 圖書 5 冊（套）業經點收，即予編目典藏，供師生閱覽，隆情厚誼，深為感荷，謹函申謝。耑此 順頌

時祺

銘傳大學
圖書館館長 何祖鳳 敬啟

102 年 9 月 21 日

敬啟者：頃蒙

惠贈書刊『歷史上的三把利刀』：：等圖書拾壹冊，師生咸感厚意，所贈書刊除妥為珍藏利用，耑此函申謝悃。

敬致

陳福成　先生

實踐大學圖書館　敬謝

九十九年九月十四日

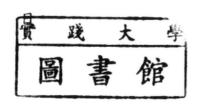

敬啟者：頃蒙

再次惠贈『春秋紀實』等多冊著作，師生咸感厚意，所

贈圖書除妥為珍藏利用，耑此函申謝悃。

敬致

陳福成　先生

實踐大學圖書館　敬謝

一〇〇年十一月七日

敬啟者：頃蒙

惠贈『政治學方法論概説』…等六冊圖書，師生咸感厚意，所贈圖書資料，除妥為珍藏利用，耑此函申謝悃。

敬致

陳福成 先生

實踐大學圖書館 敬謝

一〇一年十一月九日

實踐大學圖書館　簡函

受文者：陳福成 先生

主　旨：懇請惠賜「防衛大台灣」…等圖書（詳附件），供全校師生研究參閱。

說　明：

感謝來函提供圖書贈送，請見附件勾選之細項。倘蒙 惠允，資料逕寄「實踐大學圖書館採編組」（臺北市 104 中山區大直街七十號）收。承辦人：李逸文小姐，聯絡電話(02)2538-1111 分機 1626。

實踐大學圖書館編組謹啟

中　華　民　國　九　十　九　年　八　月　十　六　日

敬啟者：　頃承　陳福成 先生

惠贈書刊　5　冊，謹致謝忱。不僅裨益本校圖書館館藏之充實，

且嘉惠本校師生良多。隆情高誼，特此致謝。耑此

敬頌

時祺

國立臺北教育大學圖書館　　謹啟

中華民國 102 年 5 月 10 日

陳先生您好:

本館想要索贈的圖書如下:

1. 解開兩岸的 10 大弔詭
2. 大陸政策與兩岸關係
3. 從地獄歸來:艾倫坡小說選
4. 尋找一座山:陳福成創作集
5. 三月詩會研究
6. 公主與王子夢幻
7. 夢幻花開一江山
8. 男人和女人的情話真話

共 8 冊，其餘已有購買，謝謝您！

非常感謝妳的捐贈！

地址: 106 台北市和平東路 2 段 134 號

收件人: 國立台北教育大學圖書館

採編組 林佳兒小姐

電話: 2732-1104 分機 2113

國立台北教育大學圖書館敬上

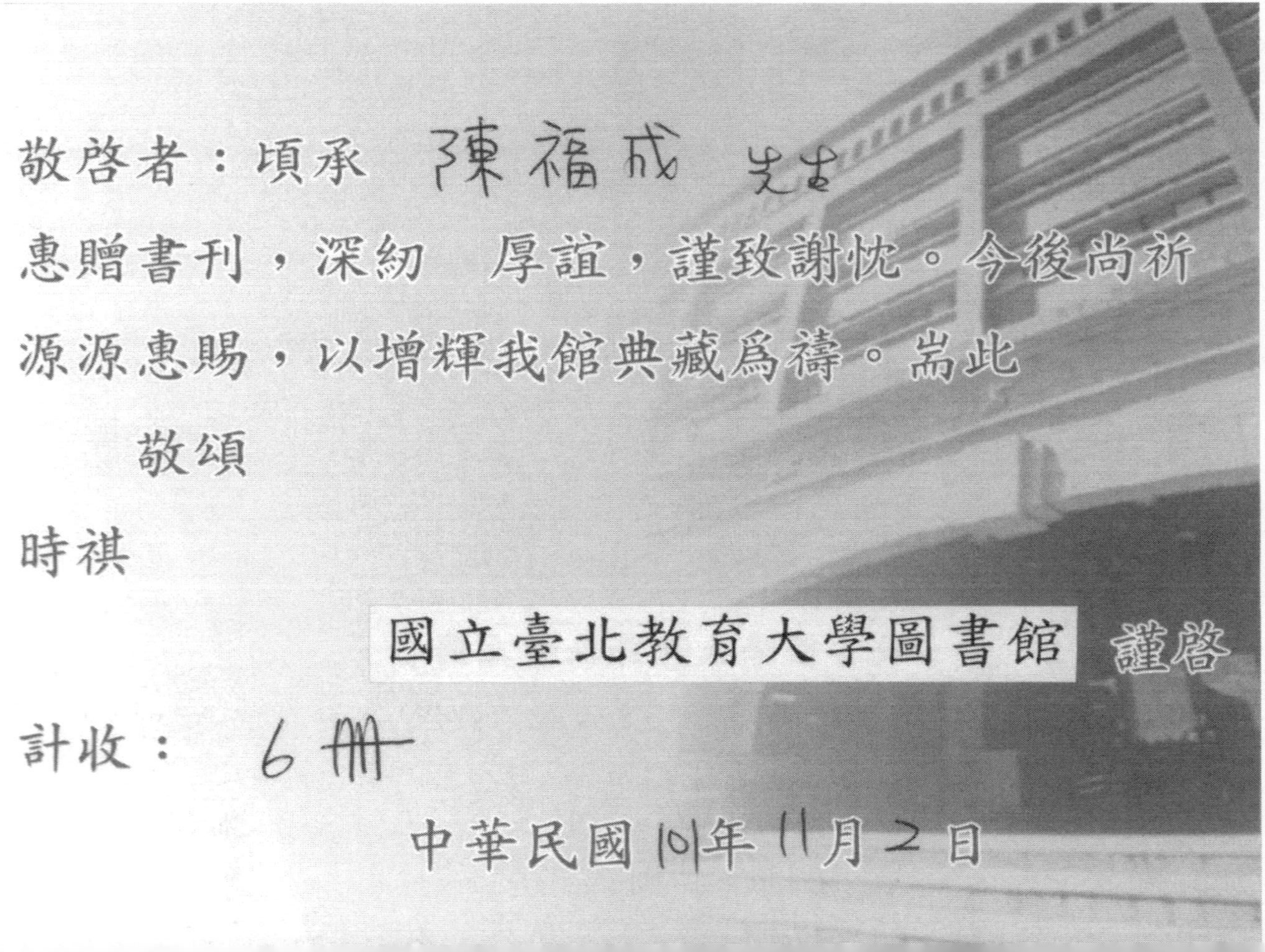
敬啓者：頃承 陳福成 先生
惠贈書刊，深紉 厚誼，謹致謝忱。今後尚祈
源源惠賜，以增輝我館典藏爲禱。耑此
敬頌
時祺
國立臺北教育大學圖書館 謹啓
計收：6冊
中華民國101年11月2日

國立屏東教育大學 National Pingtung University of Education
No.4-18 Minsheng Rd., Pingtung City, Pingtung County 90003, Taiwan (R.O.C.)
90003 屏東市民生路4-18號 電話：886-8-7226141 傳真：886-8-7235352

陳福成君 惠鑒： 頃承

惠贈佳籍，至紉高誼。

業經拜收登錄，並將編目珍藏，供本校師生參覽。

謹肅蕪箋，藉申謝忱。

耑此 敬頌

安 祺

國立屏東教育大學圖書館 敬啟

102 年 11 月 21 日

計收：「英文單字研究」等書 4 冊

國立屏東教育大學 National Pingtung University of Education
No.4-18 Minsheng Rd., Pingtung City, Pingtung County 90003, Taiwan (R.O.C.)
90003 屏東市民生路4-18號　電話：886-8-7226141　傳真：886-8-7235352

陳福成 先生 惠鑒： 頃承

惠贈佳籍，至紉高誼。

業經拜收登錄，並將編目珍藏，供本校師生參覽。

謹肅蕪箋，藉申謝忱。

耑此　敬頌

安　祺

國立屏東教育大學圖書館　敬啟

103年6月17日

計收：「我的革命檔案」等書5冊

國立屏東教育大學 National Pingtung University of Education
No.4-18 Minsheng Rd., Pingtung City, Pingtung County 90003, Taiwan (R.O.C.)
90003 屏東市民生路4-18號　電話：886-8-7226141　傳真：886-8-7235352

陳福成君 惠鑒：頃承

惠贈佳籍，至紉高誼。

業經拜收登錄，並將編目珍藏，供本校師生參覽。

謹肅蕪箋，藉申謝忱。

耑此　　敬頌

安　　祺

國立屏東教育大學圖書館　敬啟

103年3月21日

計收：「幻夢花開一江山」等書5冊

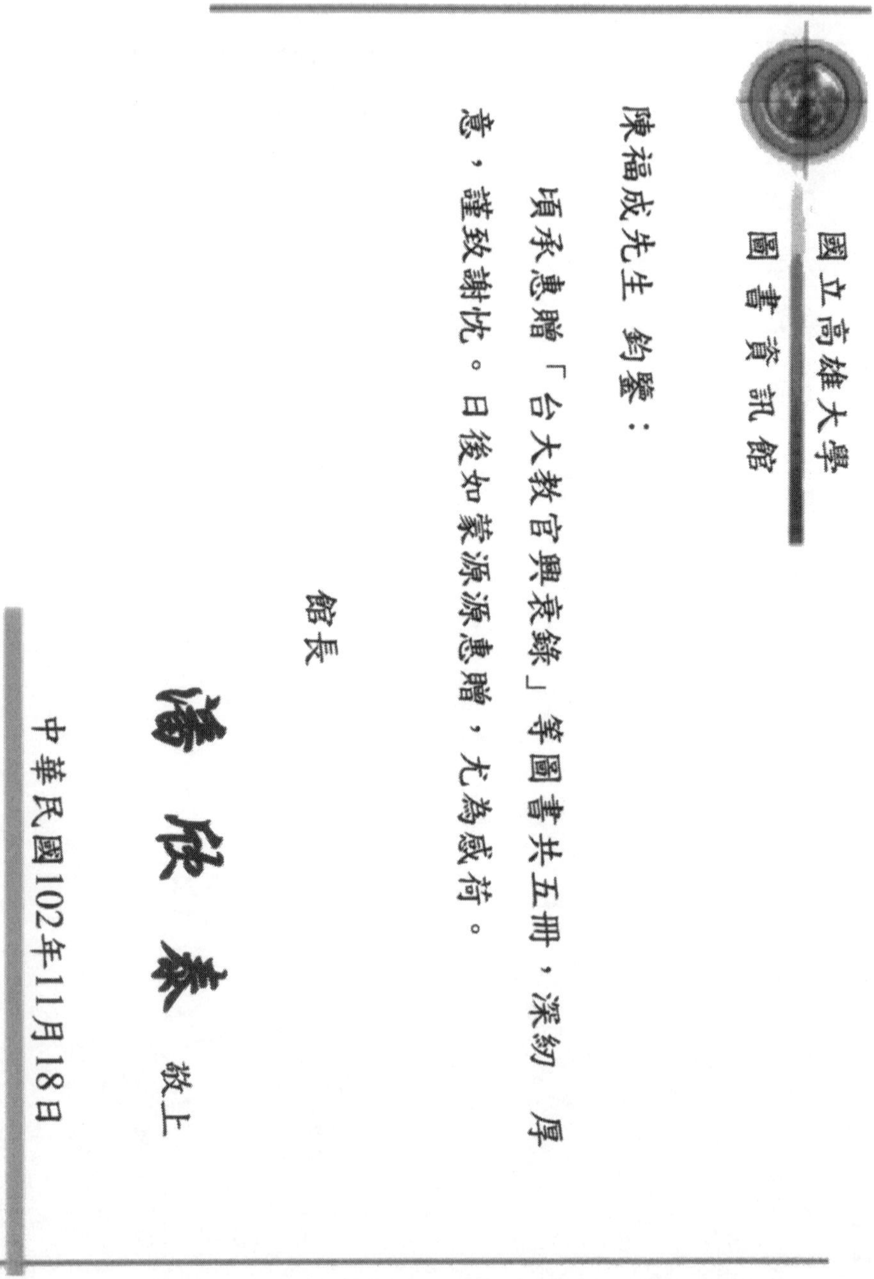

國立高雄大學
圖書資訊館

陳福成先生 鈞鑒：

　頃承惠贈「台大教官興衰錄」等圖書共五冊，深紉 厚意，謹致謝忱。日後如蒙源源惠贈，尤為感荷。

館長

潘欣泰 敬上

中華民國102年11月18日

國立高雄大學
圖書資訊館

謝函

陳福成先生 雅鑒：

頃承惠贈「我的革命檔案」等圖書共五冊，深紉 厚意，謹致謝忱。日後如蒙源源惠贈，尤為感荷。

館長

潘欣泰 敬上

中華民國103年6月5日

國立高雄大學
圖書資訊館

陳福成先生 雅鑒：

頃承惠贈「臺北的前世今生」等圖書共四冊，深紉 厚意，謹致謝忱。日後如蒙源源惠贈，尤為感荷。

館長 潘欣泰 敬上

中華民國103年3月13日

陳先生福成惠鑒：

承蒙　惠贈「中國當代平民詩人王學忠詩歌劄記」等圖書7冊，嘉惠本校師生與讀者，深感厚意，特申謝忱。

耑此，敬頌

時　祺

國立彰化師範大學
圖　書　館　館　長

敬上

101年5月30日

陳先生福成惠鑒：

承蒙 惠贈「政治學方法論概說」等圖書6冊，嘉惠本校師生與讀者，深感厚意，特申謝忱。

耑此，敬頌

時　祺

國立彰化師範大學
圖 書 館 館 長
林哲鵬 敬上
101年11月15日

福成先生大啓：

惠贈佳籍，至紉高誼。經拜收後登錄，即可編目珍藏，供全校師生閱覽。

謹肅蕪箋，藉申謝忱。

嶺東科技大學圖書館

收件者：嶺東科技大學圖書館編目組

承辦人：潘豫萍小姐 04-23892088 ↓ 2512

地址：台中市南屯區嶺東路 1 號

11681 臺北市文山區萬盛街 74-1 號 2 樓　　　　　印刷品

陳　福　成　先　生　　鈞　啓

國立臺中科技大學圖書館
4[illegible]　台中市北區三民路三段 129 號
電話(○四)22195678

茲收到　您贈送圖書「西洋政治思想史概述」、「政治學方法論概說」等，共五冊。感謝您對文化藝術、教育傳承的支持，讓所有莘莘學子受用無窮，承蒙惠賜，謹此致謝。

國立臺中科技大學圖書館

11681 台北市萬盛街 74-1 號 2 樓　　印刷品

陳 福 成 先 生　　鈞 啓

國立臺中科技大學圖書館
404 台中市北區三民路三段 129 號
電話(○四)22195678

茲收到　您贈送圖書「迷航記：黃埔情暨陸官 44 期一些閒話、天帝教的中華文化意涵：掬一瓢《教訓》品天香等」共四冊。感謝您對文化藝術、教育傳承的支持，讓所有莘莘學子受用無窮，承蒙惠賜，謹此致謝。

國立臺中科技大學圖書館

116 臺北市萬盛街 74-1 號 2 樓　　印刷品

陳　福　成　先　生　　　鈞　啓

國立臺中科技大學圖書館
404　台中市北區三民路三段 129 號
電話(○四)22195678

茲收到　您贈送圖書「愛倫坡恐怖推理小說經典新選、男人和女人的情話真話/兩性關係的生活智慧等」共五冊。感謝您對文化藝術、教育傳承的支持，讓所有莘莘學子受用無窮，承蒙惠賜，謹此致謝。

國立臺中科技大學圖書館

陳福成先生　　道安：

感謝大作相贈，本館所需清單如附件，懇請惠予贈送，本館可負擔有關贈書運送之郵資（採書到付費的方式），非常感謝慷慨贈書。謝謝您。

國立中興大學圖書館　　　　敬啟

中華民國 99 年 8 月 18 日

中原大學圖書館　函

機關地址：32023 中壢市中北路 200 號
聯 絡 人：林千幼
聯絡電話：03 - 2652817
傳　　真：03 - 2652814

受文者：如正副本

發文日期：中華民國 99 年 8 月 16 日（星期一）
速別：普通件
附件：如文（索取贈書清單.xls）

主旨：為充實本校圖書館館藏，請惠贈　台端出版圖書供師生閱覽，以提升研究品質及學習成效，請惠允見復。

說明：請惠贈　台端出版圖書「國家安全與情治機關的弔詭」等共 24 種，詳細內容如附件。

正本：陳福成先生
副本：本校採訪編目組

如擬

99.8.16

擬逕發文，呈請核示

林千幼 8/16

元智大學圖書資訊服務 函

地址：320 中壢市遠東路 135 號
傳真：03-4352078
承辦人：謝桂花
電話：03-4638800 轉 2964

受文者：陳福成 先生

發文日期：　中華民國九十八年十二月二十四日星期四
發文字號：元智圖管字第«091224»號函
速別：普通件

主旨:致索贈書 函

(一) 陳先生福成所著書刊，內容豐富精闢，極具參考價值，懇請惠贈本館以供典藏，如蒙應允，不勝感激，如需訂購，亦請回覆告知。

元智大學圖書資訊服務處啟

長 庚 大 學

敬啟者您好：

敝單位收到您的來信，欲向您索取「從地獄歸來：愛倫坡小說選」、「尋找一座山」、「中國學四部曲」、「~~愛倫坡小說經典新選~~」、「男人和女人的情話真話」、「八方風雨，性情世界」共6種，您的作品將置於本校圖書館供全校師生借閱使用，感謝您不吝贈送。

長庚大學圖書館 吳佳娟

03-2118800*5278

中央警察大學用箋

陳福成先生大鑒敬啟者：承蒙
惠贈大作國家安全與情治機關的弔詭等37冊，
至為感激，除敬謹編目珍藏，供本校員生隨
時拜讀外，專申謝悃。今後如有新著出版，
尚祈繼續惠贈，毋任企盼，專此敬頌
撰安

中央警察大學圖書館敬啟

100年元月10日

陸軍專科學校　函

機關地址：桃園縣中壢市中堅里3鄰龍東路750號
傳　　真：
承辦人及電話：孔貴珍　03-4361314#334690

受文者：陳福成先生

發文日期：中華民國 100 年 01 月 10 日
發文字號：陸專校資字第1000000135號
速別：
密等及解密條件或保密期限：
附件：

主旨：請台端重要著編譯作品贈予本校收藏，俾充實本校資圖中心館藏，以供全校讀者眾覽，敬請查照。

說明：貴著作內容豐富，立論精闢，書目除本中心已典藏之書目編號5、7、14、15、17、21不索取，其他著作敬請惠贈壹本，倘蒙惠允，本校將妥為珍藏與運用，謹申謝忱。

正本：陳福成先生(台北市萬盛街74-1號2樓)
副本：

校　長
陸軍少將　劉必棟

福成先生鈞鑒：

來函敬悉，亦預覽大作各書名，至為敬佩！就本校圖書館服務宗旨，當以滿足各類圖書讀者為首；然圖書型態千百萬種，實難收集、典藏盡全。故您如能就大作每本（冊）寄贈乙本，以饗讀者，本中心感激不盡，亦增視野，特函申謝，並祈多予指教，順頌

時安

國防大學資訊圖書中心主任 陳蕙霖 敬啟

100.1.7

註：

地址：桃園八德郵政 90040 號信箱

收件者：國防大學資訊圖書中心

電話：03-3653646

福成先生鈞鑒：

來函敬悉，亦預覽大作各書名，至為敬佩！就本校圖書館服務宗旨，當以滿足各類圖書讀者為首；然圖書型態千百萬種，實難收集、典藏盡全。故您如能就大作每本（冊）寄贈乙本，以饗讀者，本中心感激不盡，亦增視野，特函申謝，並祈多予指教，順頌

時安

國防大學資訊圖書中心主任 陳蕙霖 敬啟

100.1.7

註：

地址：桃園八德郵政 90040 號信箱

收件者：國防大學資訊圖書中心

電話：03-3653646

感 謝 函

感謝陳福成先生熱心捐贈資圖中心「洄游的鮭魚」等圖書共16冊，以充實館藏圖書資源，本中心將編目上架供讀者借閱參考，特致此函，以申謝忱。

空軍軍官學校 資訊圖書中心

中華民國 100 年 04月 19日

空軍軍官學校 資訊圖書中心

陳學長鈞鑒：

感謝　您贈送母校圖書二十五冊典藏，並嘉惠後期學弟。本人謹代表母校向您致上最誠摯的謝意。敬祝

萬　事　如　意

資圖中心館長

洪登南敬上

九十二年六月二十日

敬啟者：頃承

惠贈三月詩會研究等書共五冊

感荷良深，除分別編目珍藏以供眾覽

外，特此申謝。

此致

陸軍軍官學校中正圖書館資圖中心　謹啟

中華民國99年12月20日

敬啓者：頃承

惠贈我所知道的孫大公等書共 五 冊

感荷良深，除分別編目珍藏以供衆覽

外，特此申謝。

此致

陳福成先生

陸軍軍官學校中正圖書館 謹啓

中華民國 100 年 6 月 16 日

敬啓者：頃承
惠贈神劍與屠刀等書共15冊
感荷良深，除分別編目珍藏以供衆覽
外，特此申謝。

此致

陳福成先生

陸軍軍官學校中正圖書館　謹啓

中華民國100年11月7日

敬啟者：頃承

惠贈中國四大兵法家新詮等書共38冊

感荷良深，除分別編目珍藏以供衆覽

外，特此申謝。

此致

資圖中心

陸軍軍官學校中正圖書館　謹啟

中華民國100年1月19日

敬啟者：頃承

惠贈政治學方法論概說等書共 六 冊

感荷良深，除分別編目珍藏以供眾覽

外，特此申謝。

此致

陳福成先生

陸軍軍官學校中正圖書館 資圖中心 謹啟

中華民國 101年 11月 5日

敬啓者：頃承

惠贈金秋六人行等書共五冊

感荷良深，除分別編目珍藏以供眾覽

外，特此申謝。

此致

陳福成 先生

陸軍軍官學校中正圖書館 資圖中心 謹啓

中華民國 101 年 5 月 8 日

敬啓者：頃承

惠贈讀詩稗記等書共 5 冊

感荷良深，除分別編目珍藏以供衆覽

外，特此申謝。

此致

陳福成先生

陸軍軍官學校中正圖書館 資圖中心 謹啓

中華民國 102 年 5 月 16 日

敬啓者：頃承

惠贈春秋詩選等書共七册

感荷良深，除分別編目珍藏以供衆覽

外，特此申謝。

此致

陳福成先生

陸軍軍官學校中正圖書館資圖中心　謹啓

中華民國103年3月18日

海軍軍官學校用箋

敬覆者辱承

惠贈圖書深紉

厚意除登記編目善為珍藏以供衆覽外謹此申謝祇頌

公綏

敬啟

100年元月15日

計收圖書9冊

贈書感謝函

陳福成　女士先生，您好：

　　本館已經收到您捐贈的圖書資料，對於您的慷慨割愛與熱心厚愛，致上崇高感謝。由於技職院校的館藏極待成長，非常需要熱心人士能夠提供圖書資源。對於您所捐贈的圖書資源，我們一定會儘速處理，以求物盡其用，嘉惠學子，才不辜負您捐贈的美意與對本校師生們的厚愛。謹此致上全體同仁最誠摯的感謝。

南台科技大學圖書館　敬上

民國101年11月6日

計收贈書明細如下：

西洋政治思想史概述等　6冊

贈書感謝函

陳福成 女士先生，您好：
先生

　　本館已經收到您捐贈的圖書資料，對於您的慷慨割愛與熱心厚愛，致上崇高感謝。由於技職院校的館藏極待成長，非常需要熱心人士能夠提供圖書資源。對於您所捐贈的圖書資源，我們一定會儘速處理，以求物盡其用，嘉惠學子，才不辜負您捐贈的美意與對本校師生們的厚愛。謹此致上全體同仁最誠摯的感謝。

南台科技大學圖書館　敬上

民國100年11月18日

計收贈書明細如下：

春秋正義等 17冊

福成先生 大鑑 ：

素聞

先生著作聲譽卓著， 本館為並提升學術研究風氣，增加精緻館藏，謹懇請惠贈著作出版品。 如蒙惠賜下列書刊，將儘速編目庋藏，廣供閱覽。 謹此略申謝忱。

耑此， 順頌

時祺

南台科技大學圖書館　謹啟

99 年 12 月 24 日

敬請惠賜：如清單勾選，計 18 種

如蒙惠賜，請寄南台科技大學圖書館 註明「贈書」即可

地址 710 台南縣永康市南台街 1 號　電話 (06)253-3131 ext2502

陳福成 先生、女士，您好：

本館已經收到您慷慨捐贈的圖書資料，對於您的慷慨割愛與熱心厚愛，本館非常感謝！由於技職院校的館藏亟待成長，因此除了校際的資源共享之外，也非常需要像您這樣的熱心人士能夠經常提供圖書資源。對於您所捐贈的圖書資源，本館一定會儘速處理，以求物盡其用，嘉惠大眾，不致辜負您捐贈的美意與對本校師生們的厚愛。謹以此致上本館所有同仁最誠摯之感謝。

南台科技大學圖書館　　謹上

民國　　年　　月　　日

計收贈書明細如下：

國家安全與情治機關的弔詭 1本

解開兩岸的10大弔詭 1本

洄游的鮭魚 1本

赤縣行腳—神州心旅 1本 共18本

陳福成先生、女士，您好：

本館已經收到您慷慨捐贈的圖書資料，對於您的慷慨割愛與熱心厚愛，本館非常感謝！由於技職院校的館藏亟待成長，因此除了校際的資源共享之外，也非常需要像您這樣的熱心人士能夠經常提供圖書資源。對於您所捐贈的圖書資源，本館一定會儘速處理，以求物盡其用，嘉惠大眾，不致辜負您捐贈的美意與對本校師生們的厚愛。謹以此致上本館所有同仁最誠摯之感謝。

南台科技大學圖書館　　謹上

民國　　年　　月　　日

計收贈書明細如下：

找尋理想國：中國式民主政治

研究要綱　1本

在「鳳梅人」小橋上　1本

我所知道的孫大公　1本　　等共4冊

贈書感謝函

陳福成　女士先生，您好：
先生

　　本館已經收到您捐贈的圖書資料，對於您的慷慨割愛與熱心厚愛，致上崇高感謝。由於技職院校的館藏極待成長，非常需要熱心人士能夠提供圖書資源。對於您所捐贈的圖書資源，我們一定會儘速處理，以求物盡其用，嘉惠學子，才不辜負您捐贈的美意與對本校師生們的厚愛。謹此致上全體同仁最誠摯的感謝。

南台科技大學圖書館　敬上

民國 100 年 8 月 25 日

計收贈書明細如下：

台大逸仙會等 5 冊

贈書感謝函

陳福成 女士先生，您好：

　　本館已經收到您捐贈的圖書資料，對於您的慷慨割愛與熱心厚愛，致上崇高感謝。由於技職院校的館藏極待成長，非常需要熱心人士能夠提供圖書資源。對於您所捐贈的圖書資源，我們一定會儘速處理，以求物盡其用，嘉惠學子，才不辜負您捐贈的美意與對本校師生們的厚愛。謹此致上全體同仁最誠摯的感謝。

南台科技大學圖書館　敬上

民國 101 年 5 月 8 日

計收贈書明細如下：

中國神譜等 5 冊

贈書感謝函

陳福成　女士先生，您好：

　　本館已經收到您捐贈的圖書資料，對於您的慷慨割愛與熱心厚愛，致上崇高感謝。由於技職院校的館藏極待成長，非常需要熱心人士能夠提供圖書資源。對於您所捐贈的圖書資源，我們一定會儘速處理，以求物盡其用，嘉惠學子，才不辜負您捐贈的美意與對本校師生們的厚愛。謹此致上全體同仁最誠摯的感謝。

南台科技大學圖書館　敬上

民國102年9月17日

計收贈書明細如下：

迷航記──黃埔情暨陸官44期一些閒話等共4冊

國立成功大學圖書館

臺南市大學路一號

National Cheng Kung University Library

1 University Road, Tainan City 70101, Taiwan, R. O. C.

TEL:886-6-2757575 ext.65760 FAX:886-6-2378232

敬啟者：荷承

惠贈「古晟的誕生」等五冊業已領收，隆情高誼，衷表謝忱。

所贈圖書本館將依受贈資料收錄原則妥適處理，凡適合納入館藏之圖書，將於書後誌記捐贈人大名以資感謝，並登錄上架供眾閱覽；未納入館藏者，則由本館轉贈或以其他方式處理，惟後續處理結果恕不再函覆。

再次感謝您的美意與慨贈，並祝福您平安健康。專此

敬頌

時祺

國立成功大學圖書館 敬啟

民國 102 年 05 月 08 日

國立成功大學圖書館
臺南市大學路一號
NATIONAL CHENG KUNG UNIVERSITY LIBRARY
1 TA HSUEH ROAD, TAINAN 70101, TAIWAN, R. O. C.
TEL:886-6-2757575 ext.65760　FAX:886-6-2378232

敬啟者：　頃承

惠贈佳籍，深紉厚誼，所贈資料「三月詩會研究」等二冊圖書，本館將依館藏發展政策及受贈資料收錄原則善加處理，專此函謝，謹申謝忱。敬頌

時祺

成功大學圖書館　敬啟
2011 年 3 月 02 日

收書回條

敬請點收寄贈圖書後，傳真或寄回本收書回條，以茲確認。
傳真專線: 0937-059-905 陳福成 先生
諮詢服務: 0937-059-905 陳福成 先生
電子信箱: xyz510487@yahoo.com.tw
地址: 116 台北市文山區萬盛街 74-1 號 2 樓
贈書日期: 中華民國 98 年 12 月 18 日
索贈日期: 中華民國 98 年 12 月 16 日（成圖採字第 9812006 號）

圖書名稱:

【解開兩岸的 10 大弔詭】 等 20 圖書 + 6 本 期刊。

以上共計 22 種 26 本圖書資料。

圖書點收情形:（請勾選）

☐ 全數收到 :

※ 部分圖書未收到:

※ 若有新出版品，謝謝 您將成大圖書館列為長期寄贈單位，以利提供全校師生教學與研究參考。謝謝!
※ 隨寄 鉛筆一組 及 2006 年 限量紀念書籤，感謝 您的寄贈圖書。祝福平安順心如意 !

單位名稱: 國立成功大學圖書館採編組

收書日期: 2009 年 12 月 22 日

Fax: 06-2384389 Tel: 06-2757575-65727 魏瓊敘

國立成功大學圖書館
臺南市大學路一號
NATIONAL CHENG KUNG UNIVERSITY LIBRARY
1 TA HSUEH ROAD, TAINAN 70101, TAIWAN, R. O. C.
TEL:886-6-2757575 ext.65760　FAX:886-6-2378232

陳福成先生：荷承

惠贈「政治學方法論概說」等六冊業已領收，隆情高誼，衷表謝忱。

所贈圖書本館將依受贈資料收錄原則妥適處理，凡適合納入館藏之圖書，將於書後誌記捐贈人大名以資感謝，並登錄上架供眾閱覽；未納入館藏者，則由本館轉贈或以其他方式處理，惟後續處理結果恕不再函覆。

再次感謝您的美意與慨贈，並祝福您平安健康。專此

敬頌

時祺

國立成功大學圖書館 敬啟

民國 101 年 11 月 09 日

國立成功大學圖書館函

地址: 70101 台南市東區大學路一號
聯絡人： 魏瓊釵
機關傳真：(06)2384389
連絡電話：(06)2757575轉65727
電子信箱: ccwei@mail.ncku.edu.tw

刘英支
宿:6571

116
台北市文山區萬盛街74-1號2樓

受文者：**陳福成先生**
發文日期：98年12月16日
發文字號：成圖採字第9812006號

主旨：擬請惠贈「解開兩岸的10大弔詭」等19筆圖書，以供本校師生教學與研究參考。

說明：

一、為配合教學與研究所需，擬向 您索贈「解開兩岸的10大弔詭」等19筆圖書，以補全本館之館藏。

二、出版品請寄至：(701)台南市東區大學路1號 成功大學圖書館採編組魏瓊釵小姐。

三、為完整收藏 您新的出版品，煩請考慮將本館列為長期寄贈對象。

館長 謝文真

成功大

附件一 國立成功大學圖書館索贈圖書清單

陳福成先生　聯絡電話：　　　　　　聯絡地址：116 台北市文山區萬盛街74-1號2樓
2009.12.16　　成圖採字第9812006號　(成大館藏缺書 索贈19 筆)

序號	原編號	索贈	書名	著者	出版者	出版年	**館藏缺書**	索書號 (統一編號)
1	6	索贈	解開兩岸的10大弔詭	陳福成	陳福成		館藏缺書,索贈補全	2009.12.10 贈書函
2	9	索贈	尋找一座山: 陳福城創作集	陳福成	陳福成		館藏缺書,索贈補全	2009.12.10 贈書函
3	13	索贈	五十不惑: 一個軍校生的半生塵影	陳福成	陳福成		館藏缺書,索贈補全	2009.12.10 贈書函
4	14	索贈	國家安全與戰略關係	陳福成	陳福成		館藏缺書,索贈補全	2009.12.10 贈書函
5	15	索贈	首部曲: 中國歷代戰爭新詮	陳福成	陳福成		館藏缺書,索贈補全	2009.12.10 贈書函
6	16	索贈	二部曲: 中國政治思想新詮	陳福成	陳福成		館藏缺書,索贈補全	2009.12.10 贈書函
7	17	索贈	三部曲: 中國四大兵法家新詮	陳福成	陳福成		館藏缺書,索贈補全	2009.12.10 贈書函
8	18	索贈	四部曲: 中國近代黨派發展研究新詮	陳福成	陳福成		館藏缺書,索贈補全	2009.12.10 贈書函
9	22	索贈	性情世界: 陳福城情詩選	陳福成	陳福成		館藏缺書,索贈補全	2009.12.10 贈書函
10	23	索贈	新領導與管理實務: 新叢林時代領袖群倫的政治智慧	陳福成	陳福成		館藏缺書,索贈補全	2009.12.10 贈書函
11	24	索贈	一個軍校生的台大閒情	陳福成	陳福成		館藏缺書,索贈補全	2009.12.10 贈書函
12	26	索贈	頓悟學習	陳福成	陳福成		館藏缺書,索贈補全	2009.12.10 贈書函
13	28	索贈	夢幻花開一江山	陳福成	陳福成		館藏缺書,索贈補全	2009.12.10 贈書函
14	30	索贈	春秋圖鑑: 回頭看中國近代百年史	陳福成	陳福成		館藏缺書,索贈補全	2009.12.10 贈書函
15	31	索贈	春秋詩選	陳福成	陳福成		館藏缺書,索贈補全	2009.12.10 贈書函
16	36	索贈	神劍或屠刀	陳福成	陳福成		館藏缺書,索贈補全	2009.12.10 贈書函
17	38	索贈	男人和女人的情話真話	陳福成	陳福成		館藏缺書,索贈補全	2009.12.10 贈書函
18	39	索贈	八方風雨, 性情世界	陳福成	陳福成		館藏缺書,索贈補全	2009.12.10 贈書函
19	41	索贈	赤縣行腳-神州心旅	陳福成	陳福成		館藏缺書,索贈補全	2009.12.10 贈書函

V 20
V [illegible]
V [illegible]

[illegible] 99.1.18
[illegible]

國立成功大學圖書館

臺南市大學路一號

National Cheng Kung University Library

1 University Road, Tainan City 70101, Taiwan, R. O. C.

TEL:886-6-2757575 ext.65760　FAX:886-6-2378232

陳福成先生：荷承

惠贈「臺北的前世今生：圖文說臺北的開發故事」等 4 冊業已領收，隆情高誼，衷表謝忱。

閣下所贈圖書本館將依受贈資料收錄原則妥適處理，凡適合納入館藏之圖書，將於書後誌記捐贈人大名以資感謝，並登錄上架供眾閱覽；未納入館藏者，則由本館轉贈或以其他方式處理，惟後續處理結果恕不再函覆。

再次感謝您的美意與慨贈，並祝福您平安健康。專此

敬頌

時祺

國立成功大學圖書館敬啟

民國 103 年 03 月 17 日

陳先生您好：

賢達著作良多，衡諸大作，必惠我學子良多，

請惠贈乙套共計三十九冊，如蒙轉贈，不勝感荷。

台南應用科技大學

收件人：李玉霞

地址：台南縣永康市中正路529號

電話：0929864009

承蒙

陳福成 君 於民國九十九年一月，惠贈本校圖書館 圖書 二十九 冊，獎掖學術，隆情高誼，深感厚意，謹致謝忱。耑此

順 頌

時 綏

大葉大學 圖書館

館長

中華民國九十九年一月二十八日

陳 先生,您好:

承蒙惠贈圖書，嘉惠學子。敝館欲索取下列作品，勞煩 贈予圖書，供敝校師生借閱。另，敝館願支付運費，勞煩 寄送時，請送貨廠商到貨收費，並開立運費收據(抬頭：大葉大學，統一編號：05988413)。謝謝。

大葉大學圖書館　敬啟

收件者：大葉大學圖書館 採編組 江小姐　辦事員江彩婷 2009/12/22 1534
地址：515 彰化縣大村鄉學府路168號
電話：04-8511888轉1534
傳真：04-8511071
email：tsaiting@mail.dyu.edu.tw

編號	書名	出版社	定價
1	國家安全與情治機關的弔詭	幼獅	200
6	解開兩岸的10大弔詭	黎明	280
8	~~從地獄歸來：愛倫坡(Edgar Allan poe)小說選~~	~~慧明~~	~~200~~
9	尋找一座山：陳福城創作集	慧明	260
15	中國學四部曲-首部曲：中國歷代戰爭新詮	時英出版社	350
18	中國學四部曲-四部曲：中國近代黨派發展研究新詮	時英出版社	350
19	春秋紀實 L：台灣地區獨派執政的觀察與批判	時英出版社	250
20	歷史上的三把利刃：部落主義、種族主義、民族主義	時英出版社	250
21	國家安全論壇(軍訓、國防、通識參考書)	時英出版社	350
22	性情世界：陳福成情詩選	時英出版社	300
24	一個軍校生的台大閒情	文史哲出版社	280
25	春秋正義	文史哲出版社	300
26	頓悟學習	文史哲出版社	260
27	公主與王子的夢幻	文史哲出版社	300
28	夢幻花開一江山(傳統詩風格)	文史哲出版社	200
29	奇謀迷情輪迴：被詛咒的島嶼(一)	文史哲出版社	220
30	春秋圖鑑：回頭看中國近代百年史(3600張圖)	文史哲出版社	時價
31	春秋詩選(現代詩、政治批判)	文史哲出版社	380
32	愛倫坡(恐怖推理)小說經典新選	文史哲出版社	280
33	迷情奇謀輪迴：推出三界大滅絕(二)	文史哲出版社	220
34	迷情奇謀輪迴：我的中陰身經歷記(三)	文史哲出版社	時價
35	南京大屠殺圖相：中國人不能忘的記憶	文史哲出版社	時價
36	神劍或屠刀?	文史哲出版社	時價
37	2008這一年，我們的良心在哪裡	文史哲出版社	時價
38	男人和女人的情話真話	秀威資訊科技	時價
39	八方風雨，性情世界	秀威資訊科技	時價
40	從皈依到短期出家	秀威資訊科技	時價
41	赤縣行腳-神州心旅	秀威資訊科技	時價

敬啟者：頃承

惠贈圖書，深紉 厚意。除登記編目

善為珍藏以供眾覽外，謹此申謝。

祇頌

公綏

計收：《幻夢花開一江山》書 共15冊

國立中正大學圖書館 謹啟

98年12月18日

敬啓者：頃承
惠贈圖書，深紉　厚意。除登記編目
善為珍藏以供衆覽外，謹此申謝。
祇頌
公綏
計收：八方風雲性情世界

國立中正大學圖書館
99 年 12 月 8 日

敬啓者：頃承

惠贈圖書，深紉　厚意。除登記編目

善為珍藏以供眾覽外，謹此申謝。

祇頌

公綏

計收：《男人和女人的情話真話》

等共計5本

國立中正大學圖書館　謹啓

99年12月22日

敬啓者：頃承
惠贈圖書，深紉　厚意。除登記編目
善為珍藏以供眾覽外，謹此申謝。
祇頌
公綏
計收：「迷情、奇謀、輪迴」與「三月詩會研究：春秋大業十八年」共2冊

國立中正大學圖書館　謹啓

100年2月25日

敬啟者：頃承

惠贈圖書，深紉　厚意。除登記編目

善為珍藏以供衆覽外，謹此申謝

祇頌

公綏

計收：在「烏梅人」小橋上：中國山西芮城三人行等書

共四册

國立中正大學圖書館　謹啟

100年5月30日

陳先生您好：

索贈　先生大作「尋找一座山」等38筆詳如附件，供全校師生研究參考用。請將資料寄至「621嘉義縣民雄鄉大學路168號圖書館採編組收」聯絡電話;05-2720411轉15205張作正。謝謝！祝

工作愉快！

國立中正大學

2009/12/15

國立嘉義大學圖書館

The Library of National Chiayi University

☑蘭潭校區：
60004 嘉義市鹿寮里學府路 300 號

□民雄校區：
62103 嘉義縣民雄鄉文隆村 85 號

陳福成 先生：頃承

惠贈圖書　5　冊，深紉厚意。除編目善爲珍藏以供眾覽外

謹此申謝。

祇頌

公綏

國立嘉義大學圖書館　謹啓

中華民國 100 年 09 月 13 日

國立嘉義大學圖書館採編組

嘉大 NATIONAL CHIAYI UNIVERSITY 國立嘉義大學圖書館

The Library of National Chiayi University

☑蘭潭校區：
60004 嘉義市鹿寮里學府路 300 號

□民雄校區：
62103 嘉義縣民雄鄉文隆村 85 號

陳福成 先生：頃承

惠贈圖書 26 冊，深紉厚意。除編目善爲珍藏以供眾覽外，

謹此申謝。

祇頌

公綏

國立嘉義大學圖書館 謹啓

中華民國 100 年 02 月 11 日

國立嘉義大學圖書館

The Library of National Chiayi University

☑蘭潭校區：
60004 嘉義市鹿寮里學府路 300 號

☐民雄校區：
62103 嘉義縣民雄鄉文隆村 85 號

陳福成 先生：頃承

惠贈圖書 2 冊，深紉厚意。除編目善爲珍藏以供眾覽外，

謹此申謝。

祇頌

公綏

國立嘉義大學圖書館 謹啓

中華民國 100 年 03 月 01 日

國立嘉義大學圖書館

The Library of National Chiayi University

☑蘭潭校區：
60004 嘉義市鹿寮里學府路 300 號

☐民雄校區：
62103 嘉義縣民雄鄉文隆村 85 號

陳福成 先生：頃承

惠贈圖書 4 冊，深紉厚意。除編目善為珍藏以供眾覽外，

謹此申謝。

祇頌

公綏

國立嘉義大學圖書館 謹啓

中華民國 100 年 05 月 20 日

陳先生您好：

感謝您惠贈圖書嘉惠本校師生，附表打勾部分為敝館所需之書籍，煩請寄送至

收件人：國立嘉義大學圖書館採編組張先生

地　址：60004 嘉義市鹿寮里學府路 300 號

電　話：(05)2717232

再一次的感謝您！

張

館員 巍鐘 敬啟

國立嘉義大學圖書館

The Library of National Chiayi University

☑蘭潭校區：
60004 嘉義市鹿寮里學府路 300 號

□民雄校區：
62103 嘉義縣民雄鄉文隆村 85 號

陳福成 先生：頃承

惠贈圖書　5　冊，深紉厚意。除編目善爲珍藏以供眾覽外，謹此申謝。

祇頌

公綏

國立嘉義大學圖書館　謹啓

中華民國 101 年 5 月 22 日

國立嘉義大學圖書館

The Library of National Chiayi University

☑蘭潭校區：
60004 嘉義市鹿寮里學府路 300 號

☐民雄校區：
62103 嘉義縣民雄鄉文隆村 85 號

陳福成 先生：頃承

惠贈圖書　4　冊，深紉厚意。除編目善爲珍藏以供眾覽外，

謹此申謝。

祇頌

公綏

國立嘉義大學圖書館　謹啓

中華民國 102 年 9 月 23 日

國立嘉義大學圖書館

The Library of National Chiayi University

☑蘭潭校區：
60004 嘉義市鹿寮里學府路 300 號

□民雄校區：
62103 嘉義縣民雄鄉文隆村 85 號

陳福成 先生：頃承

惠贈圖書 5 冊，深紉厚意。除編目善爲珍藏以供眾覽外，謹此申謝。

祇頌

公綏

國立嘉義大學圖書館 謹啓

中華民國 102 年 5 月 21 日

國立嘉義大學圖書館

The Library of National Chiayi University

☑蘭潭校區：
60004 嘉義市鹿寮里學府路 300 號

☐民雄校區：
62103 嘉義縣民雄鄉文隆村 85 號

陳福成 先生：頃承

惠贈圖書 5 冊，深紉厚意。除編目善爲珍藏以供眾覽外，謹此申謝。

祇頌

公綏

國立嘉義大學圖書館 謹啓

中華民國 102 年 5 月 21 日

陳先生您好！

本館擬索贈圖書共計 34 冊，細目如來函目錄打勾部份，謝謝您！

順祝　　闔府平安喜樂

國立臺南大學圖書館　敬上

書刊麻煩寄至

收件地址：臺南市中西區樹林街二段 33 號

收 件 人：國立臺南大學圖書館　採編組

電話：(06) 213-3111　轉 270　or　272

傳真：(06) 214-9969

莊金環

敬啓者：頃承

惠贈左列書刊深紉

厚誼、除編目珍藏以供師生閱覽參考外，

謹此申謝。并頌

公綏

蘭陽技術學院圖書館 謹啓

101 年 1 月 16 日

計收

洄游的鮭魚 八本 6 冊

敬啟者：頃承

惠贈左列書刊深紉

厚誼、除編目珍藏以供師生閱覽參考外，

謹此申謝。并頌

公綏

蘭陽技術學院圖書館 謹啓

101年11月2日

計收 文史哲學集成 2本

文學叢刊 4本

[illegible]

惠贈左列書刊深紉

厚誼、除編目珍藏以供師生閱覽參考外，

謹此申謝。並頌

公綏

蘭陽技術學院圖書館謹啓

102年9月16日

計收〈天帝教的中華文華意涵〉乙冊

〈日本問題的終極處理〉乙冊

〈迷航記：黃埔情懷陸官44期一些閒話〉乙冊

陳福成 先生：頃承

惠贈圖書，深紉 厚意。除登記編目

善為珍藏以供眾覽外，謹此鳴謝。並頌

大安

計收 春秋記實 等十四本

義守大學圖書館 謹啟

九十九年一月二十日

義守大學圖書館

I-Shou University Library

感 謝 函

Thank you letter

陳福成　先生　　　：頃承

惠贈圖書，深紉　厚意。除登錄編目善為珍藏以供眾

覽外，謹此鳴謝。　並頌

時綏

On behalf of I-Shou University, I would like to express my deep appreciation to your donation of books for the purpose of enhancing our capacity in education. It will bring huge benefit to those who need the books. I am sure all beneficiaries will remember you for you Generous giving in the long run.

義守大學圖書館 [義守大學圖書館] 敬啟

計收：「金秋六人行」圖書等五冊　　2012/5/1

義守大學圖書館
I-Shou University Library

感　謝　函
Thank you letter

陳福成先生　　　　：頃承

惠贈圖書，深紉　厚意。除登錄編目善為珍藏以供眾

覽外，謹此鳴謝。　並頌

時綏

On behalf of I-Shou University, I would like to express my deep appreciation to your donation of books for the purpose of enhancing our capacity in education. It will bring huge benefit to those who need the books. I am sure all beneficiaries will remember you for you Generous giving in the long run.

義守大學圖書館　敬啟

計收：「三月詩會研究」圖書2冊　　　　列印日期：2011/3/1

陳福成 先生：　頃承

惠贈圖書，深紉　厚意。除登記編目

善為珍藏以供眾覽外，謹此鳴謝。並頌

大安

計收「八方風雲・性情世界」圖書等五冊

義守大學圖書館　謹啟

九十九年十二月十日

義守大學圖書館

I-Shou University Library

感　謝　函

Thank you letter

陳福成　先生　　：頃承

惠贈圖書，深紉　厚意。除登錄編目善為珍藏以供眾

覽外，謹此鳴謝。　並頌

時綏

On behalf of I-Shou University, I would like to express my deep appreciation to your donation of books for the purpose of enhancing our capacity in education. It will bring huge benefit to those who need the books. I am sure all beneficiaries will remember you for you Generous giving in the long run.

義守大學圖書館　敬啟

計收：「我們的春秋大業）」圖書等六冊　　2012/11/5

陳福成 先生：　頃承

惠贈圖書，深紉　厚意。除登記編目

善為珍藏以供眾覽外，謹此鳴謝。並頌

大安

計收　決戰閏八月　等一批

義守大學圖書館　謹啟

九十九年一月八日

義守大學圖書館
I-Shou University Library

感 謝 函
Thank you letter

陳福成 先生 ：頃承

惠贈圖書，深紉 厚意。除登錄編目善為珍藏以供眾

覽外，謹此鳴謝。 並頌

時綏

On behalf of I-Shou University, I would like to express my deep appreciation to your donation of books for the purpose of enhancing our capacity in education. It will bring huge benefit to those who need the books. I am sure all beneficiaries will remember you for you Generous giving in the long run.

義守大學圖書館 義守大學圖書館 敬啟

計收：「臺中開發史」圖書等五冊 2013/5/14

義守大學圖書館
I-Shou University Library

感謝函
Thank you letter

陳福成　先生　　：頃承

惠贈圖書，深紉　厚意。除登錄編目善為珍藏以供眾

覽外，謹此鳴謝。　並頌

時綏

On behalf of I-Shou University, I would like to express my deep appreciation to your donation of books for the purpose of enhancing our capacity in education. It will bring huge benefit to those who need the books. I am sure all beneficiaries will remember you for you Generous giving in the long run.

義守大學圖書館 義守大學圖書館 敬啟

計收：「迷航記」圖書等四冊　　　　2013/9/16

敬啟者荷承
惠贈書刊，深紉　厚誼。除妥為處理、珍藏以供師生閱覽參考外，
謹此申謝今後如蒙源源分溉尤為感荷。并頌
此致
陳福成先生
計領受：從地獄歸來等五冊

文藻外語學院圖書館　謹啟
100年08月25日

敬啟者荷承

惠贈書刊，深紉　厚誼。除妥為處理、珍藏以供師生閱覽參考外，

謹此申謝今後如蒙源源分溉尤為感荷。并頌

此致　陳福成先生

台北公館地區開發史　乙冊

從皈衣到短期出家　乙冊

計領受：中國當代平民詩人王學忠詩歌劄記　乙冊

金秋六人行：鄭州山西之旅　乙冊

中國神譜：中國民間宗教信仰之理論與實務　乙冊

文藻外語學院圖書館　謹啟

101 年 5 月 0 日

陳先生

謝謝您所捐贈的春秋正義等24冊圖書
由於您的捐助，我們因此提供更好的服務。

再次謝謝您對文藻圖書館的支持

文藻外語學院圖書館　敬上
民國 99 年 12 月 29 日

陳先生

謝謝您所捐贈的找尋理想國等4冊圖書
由於您的捐助，我們因此提供更好的服務。

再次謝謝您對文藻圖書館的支持

文藻外語學院圖書館　敬上
民國 100 年 5 月 23 日

敬啟者：

欣聞先生捐贈個人著作圖書一批，今已在圖書目錄中勾選本館有意收藏之書，麻煩請幫忙處理，謝謝！

文藻外語學院圖書館

聯絡人：賈玉娟

電話：07-3426031 轉 2711

傳真：07-3595951

寄送地址：807 高雄市三民區民族一路 900 號

99 年 12 月 22 日

敬啟者荷承

惠贈書刊，深紉　厚誼。除妥為處理、珍藏以供師生閱覽參考外，

謹此申謝今後如蒙源源分溉尤為感荷。并頌

此致

陳福成　先生

計領受：中文書　乙批

文藻外語學院圖書館　謹啟

101　年　12　月　10　日

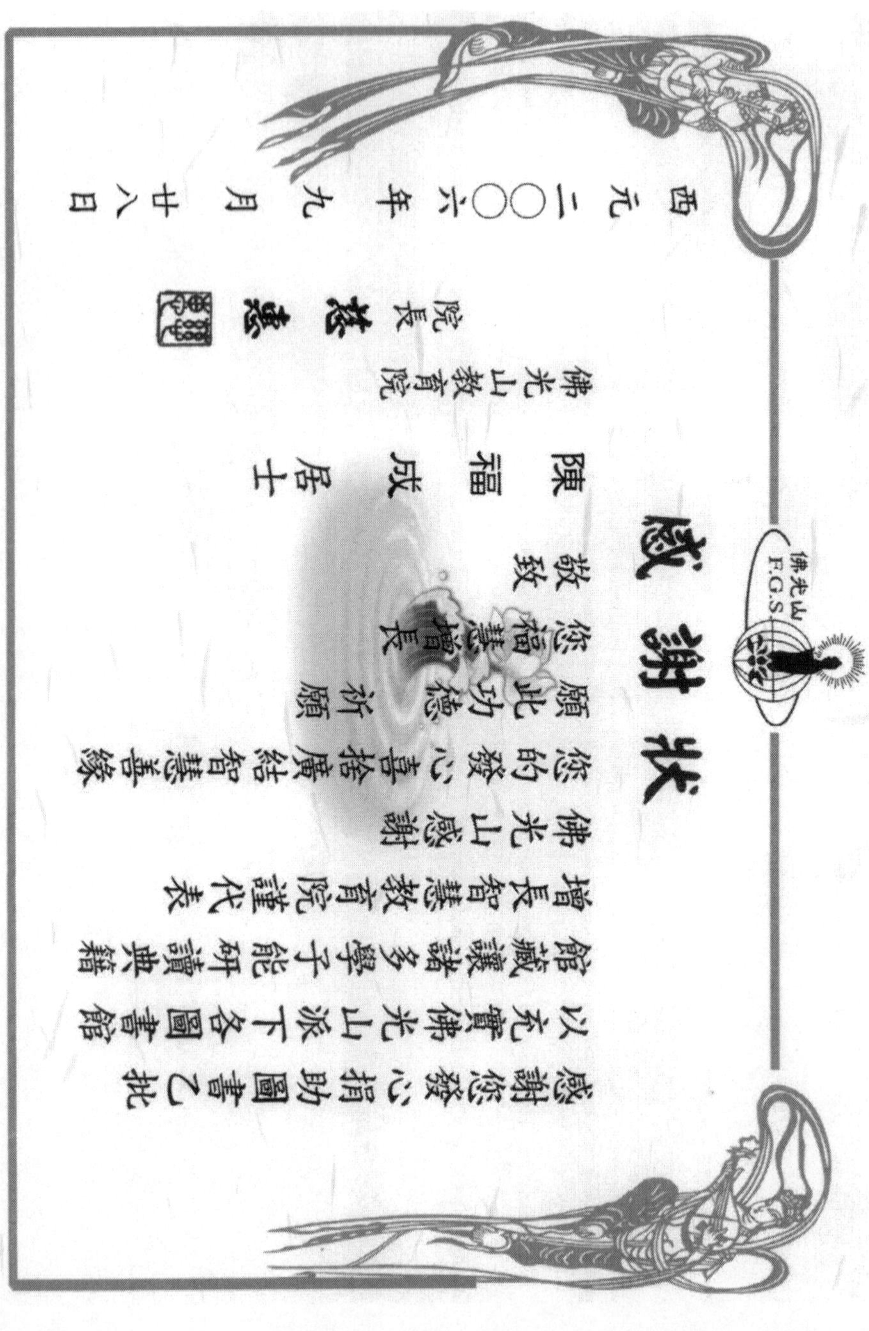

佛光山 F.G.S.

感謝狀

感謝您發心捐助圖書乙批
以充實佛光山派下各圖書館
館藏讓諸多學子能研讀典籍
增長智慧教育院謹代表
佛光山感謝
您的發心喜捨廣結智慧善緣
願此功德祈願
您福慧增長
敬致
陳福成居士
佛光山教育院
院長 慈惠
西元二〇〇六年九月廿八日

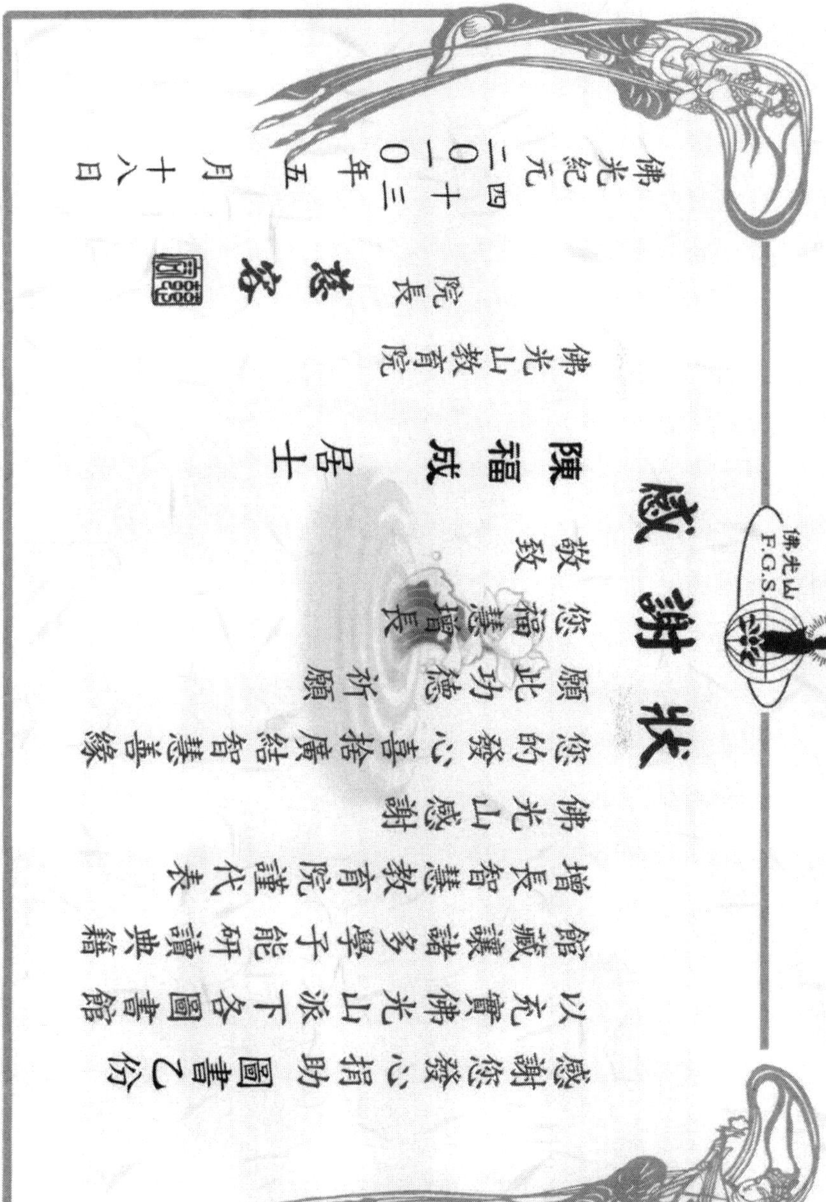

佛光山 F.G.S
感謝狀
感謝您發心捐助圖書乙份
以充實佛光山派下各圖書館
館藏讓諸多學子能研讀典籍
增長智慧教育院謹代表
佛光山感謝
您的發心喜捨廣結智慧善緣
願此功德
祈願
您福慧增長
敬致
陳福成居士
佛光山教育院
院長 慈容
佛光紀元四十三
二〇一三年五月十八日

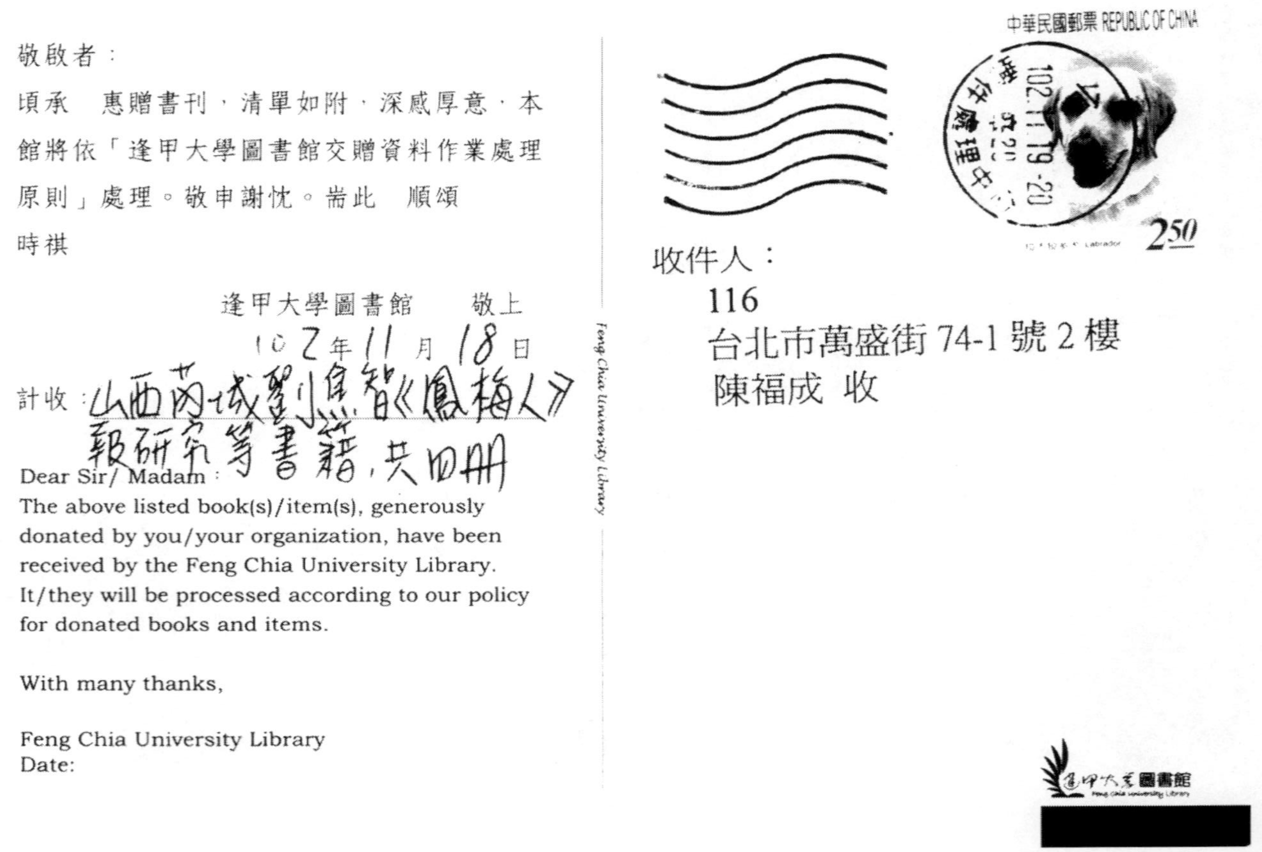

敬啟者：

頃承 惠贈書刊，清單如附，深感厚意，本館將依「逢甲大學圖書館交贈資料作業處理原則」處理。敬申謝忱。耑此 順頌

時祺

逢甲大學圖書館 敬上

102年11月18日

計收：山西芮城劉集智《鳳梅人》報研究等書籍，共四冊

Dear Sir/ Madam：

The above listed book(s)/item(s), generously donated by you/your organization, have been received by the Feng Chia University Library. It/they will be processed according to our policy for donated books and items.

With many thanks,

Feng Chia University Library

Date:

Feng Chia University Library

中華民國郵票 REPUBLIC OF CHINA

2.50

收件人：

116

台北市萬盛街74-1號2樓

陳福成 收

逢甲大學圖書館

Feng Chia University Library

[redacted]

敬啟者：

頃承　惠贈書刊，清單如附，深感厚意，本館將依「逢甲大學圖書館交贈資料作業處理原則」處理。敬申謝忱。耑此　順頌

時祺

逢甲大學圖書館　　敬上

103 年 3 月 13 日

計收：把腳印典藏在雲端－三月詩會詩人手稿詩寫（共四冊）

Dear Sir/ Madam：

The above listed book(s)/item(s), generously donated by you/your organization, have been received by the Feng Chia University Library. It/they will be processed according to our policy for donated books and items.

With many thanks,

Feng Chia University Library
Date:

TO：
郵遞區號：116
地址：台北市萬盛街 74-1 號
收件人：陳福成 先生收

國　家　圖　書　館
NATIONAL CENTRAL LIBRARY
20,Chungshan S. Rd., Taipei Taiwan, R.O.C. 100-01
Tel:(02)2361-9132　Fax:(02)2311-0155

福成老師道鑒：

先生筆耕不綴，或詩作、或散文、或遊記，寫景寫情，雋永深刻；又精研黨派政治、戰爭兵法、歷史思想，著作等身，於臺灣學界，影響深遠，廣為大眾所景仰。承蒙
惠贈手稿詩冊資料，彌足珍貴，隆情高誼，無任銘感，本館自當妥善珍藏，以保文化傳承並嘉惠讀者閱覽。本館職司國家最高典藏，任重道遠，各項服務工作，尚祈 先生不吝時賜教誨，以匡未逮。謹肅蕪箋，特申謝忱。耑此

敬頌

時　綏

國家圖書館館長 曾淑賢　敬啟

民國 101 年 6 月 11 日

國　家　圖　書　館
NATIONAL CENTRAL LIBRARY
20,Chungshan S. Rd., Taipei Taiwan, R.O.C. 100-01
Tel:(02)2361-9132　Fax:(02)2311-0155

福成老師道鑒：

先生工詩作，擅旅遊文學，並精研西方政治思想、民間信仰及宗教生活，洋洋巨構，著作等身，至表欽仰。今再承惠贈手稿資料多種，無任銘感。謹肅蕪箋，再申謝忱。耑此

敬頌

時　綏

國家圖書館館長 曾淑賢　敬啟

民國 101　年 8 月 23 日

陳福成老師惠贈手稿資料清單

一、筆記

1	政治學方法論	1冊	陳福成	手稿
2	西洋政治思想史總整理	1冊	陳福成	手稿

二、專著

3	從皈依到短期出家--另一種生活體驗	1冊	陳福成	簡單線裝，內含手稿、手稿影印、印刷剪貼．後並附"佛光山短期出家修道會戒壇日記"，逐篇有慧靜法師批示．
4	我們的春秋大業---三月詩會20年紀念詩集	1冊	陳福成	簡單線裝，內含照片、手稿、手稿影印、印刷剪貼．
5	價值典範的複製：臺大逸仙學會--兼論統派經營中國統一事業大戰略要領芻議	1冊	陳福成	簡單線裝，內含照片、手稿、手稿影印、印刷剪貼．稿紙為畫線自製．
6	臺灣邊陲之美--行腳誦詩・琵音歌唱	1冊	陳福成	簡單線裝，內含照片、手稿、手稿影印、印刷剪貼．
7	金秋六人行--鄭州山西之旅	1冊	陳福成	簡單線裝，內容泰半為印刷及電腦列印複印，並有照片及照片影印．
8	中國神譜--中國民間信仰之理論與實務	1冊	陳福成	簡單線裝，內容含手稿，泰半為印刷文字圖片及照片．

陳福成老師惠贈手稿資料清單

手稿

1	詩冊	1冊	陳福成	作者簡單裝訂，並曰"這些詩稿是已出版或發表的原稿". 含封面共32張稿紙，其(頁碼)編號由50至80. 共有詩作24首，其中〈再訪西侯度人〉附照片1張.
2	中國當代平民詩人王學忠詩歌劄記：一個臺灣人讀王詩的沉思	1冊	陳福成	共205張稿紙. 封面有作者題辭"黃河浪花億億朵，你是那朵最鮮紅的血色浪花；長江巨濤萬萬波，你是那波最清醒的靈魂真華". 內文有5頁為文字印刷剪貼，〈目錄〉之前有4張照片之覆印. 整冊為排版前之定稿.

國　家　圖　書　館
NATIONAL CENTRAL LIBRARY
20,Chungshan S. Rd., Taipei Taiwan, R.O.C. 100-01
Tel:(02)2361-9132　Fax:(02)2311-0155

福成老師道鑒：

先生筆耕不輟，工於詩作並精研文學批評、政治學及國際關係，著作等身，影響深遠，國家民族，拳拳之忠，尤為社會大眾所景仰。再承　惠賜手稿資料多種，隆情高誼，無任銘感。謹肅蕪箋，特申謝忱。耑此

敬頌

時　綏

國家圖書館館長 曾淑賢　敬上

民國 102 年 8 月 26 日

陳福成老師惠贈手稿資料清單

一、手稿

1	男人和女人的情話真話：兩性關係的生活智慧	1 冊(217 張)	作者簡單裝訂。原稿完成於 1975 年。
2	最自在的是彩霞——臺大退休人員聯誼會	1 冊(98 張)	作者簡單裝訂。內容泰半為手稿，亦有部分為印刷剪貼，內含多楨照片。
3	一信詩學研究——徐榮慶的文學生命風華	1 冊(289 張)	作者簡單裝訂。
4	讀詩稗記——蟾蜍山萬盛草齋文存	1 冊(207 張)	作者簡單裝訂。有若干印刷影印剪貼。間有照片多楨，泰半為手稿。
5	古晟的誕生——陳福成 60 回顧展	1 冊(120 張)	作者簡單裝訂。有若干印刷影印剪貼。間有照片多楨，泰半為手稿。
6	迷航記——黃埔情暨陸官 44 期一些閒話	1 冊(210 張)	作者簡單裝訂。有若干印刷影印報紙剪貼。間有照片多楨，泰半為手稿。亦有作者早年日記片斷。
7	英文單字研究——全面記憶與理解英文單字方法	1 冊(250 張)	作者簡單裝訂。內皆為作者製作之單字卡片。
8	「日本問題」的終極處理——廿一世紀中國人的天命與扶桑省建設要綱	1 冊(27 張)	作者簡單裝訂。有若干印刷影印剪貼。間有照片多楨，泰半為手稿。
9	天地教的中華文化意涵——掬一瓢《教訊》品天香	1 冊(204 張)	作者簡單裝訂。有若干印刷影印剪貼。間有複印照片多楨，泰半為手稿。
10	臺中開發史——兼臺中龍井陳家移臺略考	1 冊(115 張)	作者簡單裝訂。有印刷影印剪貼。間有複印照片多楨。

二、書籍

11	性情世界——陳福成的情詩集	2 冊	以下所贈書籍，每種2冊，其中1冊為作者簽名本。
12	解開兩岸大弔詭	2 冊	
13	公主與王子的夢幻	2 冊	
14	中國神譜——中國民間宗教信仰之理論與實務	2 冊	
15	頓悟學習	2 冊	
16	中國當代平民詩人王學忠詩歌劄記	2 冊	
17	大陸政策與兩岸關係	2 冊	
18	愛倫坡恐怖推理小說經典新選	2 冊	
19	孫子實戰經驗研究——孫武是怎樣親自驗證他的「十三篇」？	2 冊	
20	嚴謹與浪漫之間——范揚松的生涯轉折與文學風華	2 冊	
21	中國歷代戰爭新詮	2 冊	
22	「日本問題」的終極處理——廿一世紀中國人的天命與扶桑省建設要綱	2 冊	
23	臺大逸仙學會——兼論統派經營中國統一事業大戰略要領芻議	2 冊	
24	春秋詩選	2 冊	
25	幻夢花開一江山	2 冊	
26	讀詩稗記——蟾蜍山萬盛草齋文存	2 冊	
27	春秋記實	2 冊	
28	政治學方法論概說	2 冊	
29	古道・秋風・瘦筆	2 冊	
30	與君賞玩天地寬——我在傾聽你的說法	2 冊	
31	西洋政治思想史概述	2 冊	
32	最自在的是彩霞——臺大退休人員聯誼會	2 冊	

33	古晟的誕生——陳福成60回顧展	2冊
34	洄游的鮭魚	2冊
35	山西芮城劉焦智《鳳梅人》報研究——論文化文學藝術交流	2冊
36	春秋正義	2冊
37	漸凍勇士陳宏傳——他和劉學慧的傳奇故事	2冊
38	三月詩會研究——春秋大業十八年	2冊
39	金秋六人行——鄭州山西之旅	2冊
40	我所知道的孫大公——黃埔二十八期孫大公研究	2冊
41	第四波戰爭開山鼻祖賓拉登——及戰爭之常變研究要綱	2冊
42	大浩劫後——日本東京都知事石原慎太郎「天譴說」溯源探解	2冊
43	臺灣邊陲之美——行腳誦詩·音歌唱	2冊
44	找尋理響國——中國式民主政治研究要綱	2冊
45	神劍與屠刀	2冊
46	中國政治思想新詮	2冊
47	一個軍校生的臺大閒情——讓我明心見性的道場	2冊
48	中國四大兵法家新詮	2冊

49	迷航記——黃埔情暨陸官 44 期一些閒話	2 冊	
50	國家安全論壇	2 冊	
51	在「鳳梅人」小橋上——中國山西芮城三人行	2 冊	
52	臺中開發史——兼臺中龍井陳家移臺略考	2 冊	
53	山西芮城劉焦智《鳳梅人》報研究——論文化文學藝術交流	2 冊	簡體字版
54	中國近代黨派發展研究新詮	2 冊	
55	五十不惑——一個軍校生的半生塵影	2 冊	
56	迷情・奇謀・輪迴	2 冊	
57	國家安全與戰略關係	2 冊	
58	為中華民族的生存發展進百書疏——孫大公的思想主張書函手稿	2 冊	
59	新領導與管理實務——新叢林時代領袖群倫的智慧	2 冊	

陳老師您好

向您鞠躬請安.

謝謝您把寶貴的手稿送給國家圖書館, 這是文化的留傳, 向您致敬.

信封裏放的是一件"授權書"和一個回郵信封. 勞您駕把"授權書"填妥簽字後投郵寄回, 無任感激. 向您報告, 現在國家圖書館正建置一個 "名人手稿系統", 希望把許多老師的手稿墨寶數位掃描後掛上網站, 方便大眾進行學術研究和美學欣賞, 這也是資訊時代社會教育的推廣, 影響無遠弗界. 祈請

您的大力支持. 耑此

敬請

安好

晚 杜××敬上 2013.9.10

國家圖書館特藏文獻組

臺北市中山南路20號

Tel: (02)23619132 ext 405

Fax: (02)23826986

敬啟者荷承

惠贈書刊，深紉　厚誼。除妥為處理、珍藏以供師生閱覽參考之外，

僅此申謝！今後如蒙源源分溉尤為感荷。并頌

教 安

此致

陳老師 福成

計領受：「從魯迅文學醫人魂救國魂說起」、「我的革命檔案」、「台北公館台大考古導覽」、「詩人范揚松論」、「愛河流域」共5冊圖書

國立高雄師範大學圖書館　敬啟

中 華 民 國 103 年 06 月 03 日

真理大學圖書館

敬啟者：頃承

惠贈佳籍深紉　厚意，除編登書目妥為珍藏以供眾覽外，

謹此申謝。今後如蒙源源分溉，尤為感荷。

此　致

陳福成先生

計收：

愛河流域 五位中年男子情詩選 等

共5冊

真理大學圖書館　　謹啟

103年 6月19日

真理大學圖書館　251-03 新北市淡水區真理街32號 (02)2621-2121*1511-5

ASIA 亞洲大學 UNIVERSITY
41354 台中市霧峰區柳豐路500號　http://www.asia.edu.tw
No. 500, Lioufong Road, Wufong, Taichung, Taiwan R.O.C. 41354
Tel:+886-4-23323456　Fax:+886-4-23316699

亞洲大學圖書館感謝函

陳福成先生：

承蒙　惠贈佳籍，充實本館館藏，嘉惠本校師生良多，謹表謝忱。今後如蒙源源分溉，尤為感荷。

中華民國 103 年 4 月 14 日

計收：

圖書-「第四波戰爭開山鼻祖賓拉登：及戰爭之常變研究要綱」等共 5 冊

ASIA 亞洲大學 UNIVERSITY
41354 台中市霧峰區柳豐路500號　http://www.asia.edu.tw
No. 500, Lioufong Road, Wufong, Taichung, Taiwan R.O.C. 41354
Tel:+886-4-23323456　Fax:+886-4-23316699

亞洲大學圖書館感謝函

陳福成先生：

承蒙　惠贈佳籍，充實本館館藏，嘉惠本校師生良多，謹表謝忱。今後如蒙源源分溉，尤為感荷。

中華民國 103 年 6 月 5 日

計收：

圖書-「我的革命檔案」等共 5 冊

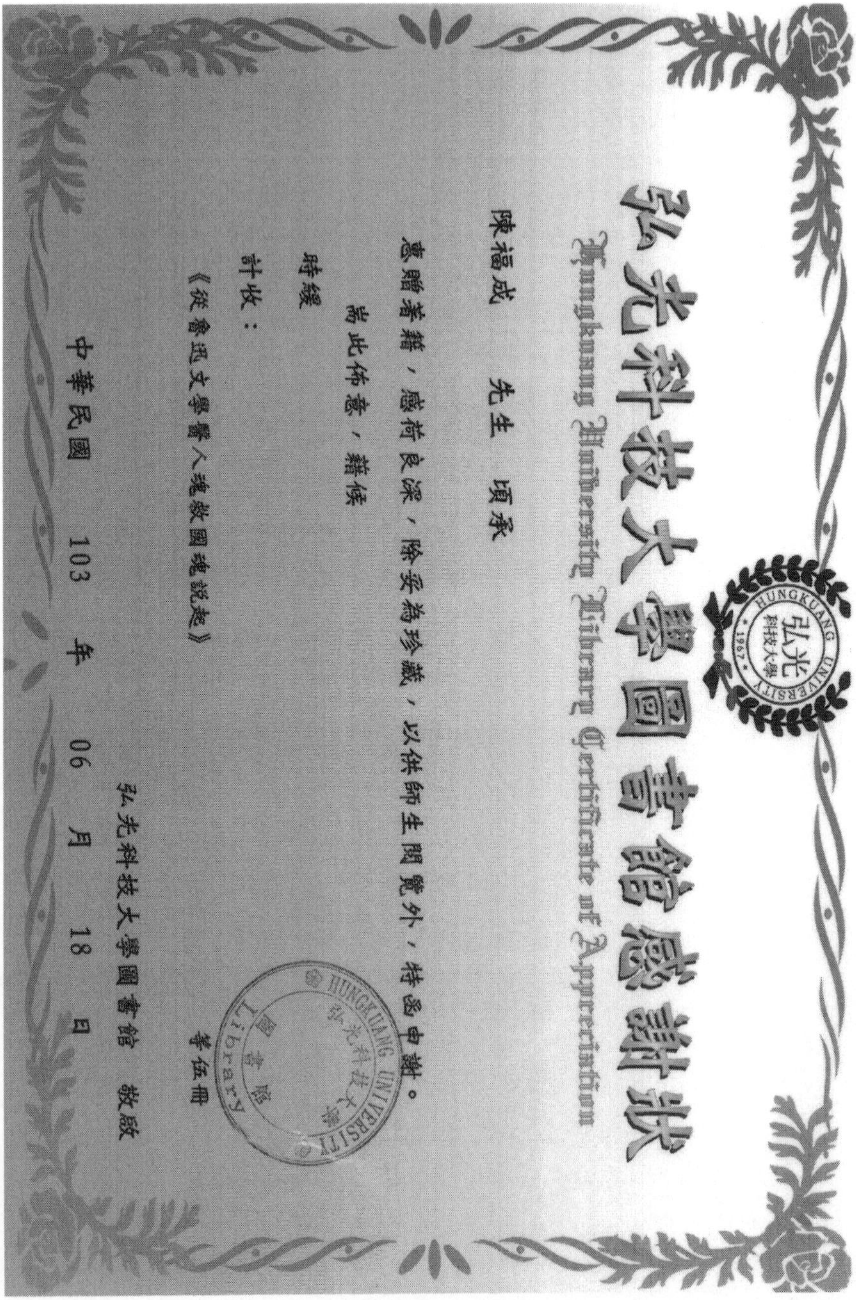
弘光科技大學圖書館感謝狀
Hungkuang University Library Certificate of Appreciation
陳福成　先生　頃承
惠贈著籍，感荷良深，除妥為珍藏，以供師生閱覽外，特函申謝。
耑此佈意，藉候
時綏
計收：
《從魯迅文學醫人魂救國魂說起》
等伍冊
弘光科技大學圖書館　敬啟
中華民國 103 年 06 月 18 日

第二篇　大陸地區

師兄弟三人與山西芮城歷山村耆老，2010 年 11 月 3 日，舜王廟（大舜耕田的地方）。

2009，重慶大學。

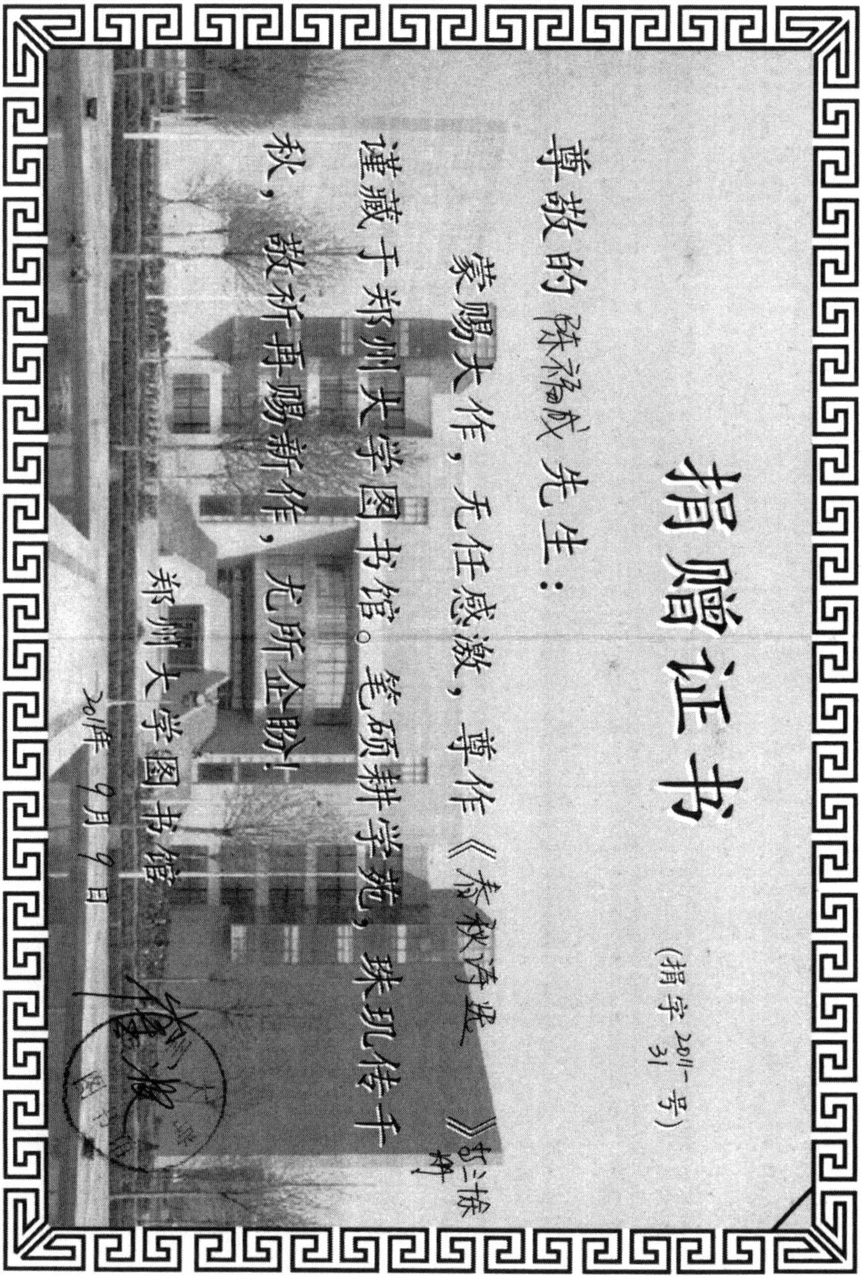

捐赠证书

（捐字2011-31号）

尊敬的陈福成先生：

蒙赐大作，无任感激，尊作《春秋诗选》等三种谨藏于郑州大学图书馆，笔砚耕学苑，珠玑传千秋，敬祈再赐新作，尤所企盼！

郑州大学图书馆

2011年9月9日

尊敬的陈福成先生：

您好！

我馆收到您的来信，十分欣喜。我馆亟待您能赠送图书丰富馆藏，让更多的人能阅读您的大作。

图书馆地址：福建省福州市闽侯上街华佗路1号福建中医药大学图书馆；

邮编：350122；

收件人：林玉婷；

公务电话：0591-22861093

特致以崇高的敬意和衷心的感谢！

致

礼！

福建中医药大学图书馆

2013年9月

感谢函

尊敬的 陈福成 先生：

　　您好！

　　您赠送的《洄游的鲑鱼》、《台中开发史》等共计四十六种四十九册图书已收到。特致以崇高的敬意和衷心的感谢！

　　致

礼！

福建中医药大学图书馆

2013 年 10 月

哈爾濱商業大學

尊敬的陈先生：

您好！

来信收到，非常感谢您愿意将您的著作赠送给哈尔滨商业大学图书馆！同时对您取得的学术成就表示敬意！

随信附寄我馆希望得到的赠书目录（划√者），麻烦您邮寄给我们。

邮寄地址：

中国黑龙江省哈尔滨市松北区学海街1号

哈尔滨商业大学图书馆采编部 150028

周莉文伟（收）

电话：0451-84892159

手机：15546313589

此致

敬礼！

哈尔滨商业大学图书馆

2013.9.30日.

漳州师范学院

沛先生：

您好！

来信收悉。信中我们深深体会到您的爱国之情。两岸同是一家，相信有您这样关心祖国的热心人士的积极推动，我们一定能更好地相互交流，加深彼此的了解。

沛先生，作为闽南地区的高校图书馆，我们积极收集有关两岸内容的文献资料，我们很乐意接受您的赠书。书单上用铅笔打勾的图书请沛先生查看是否尚有库存，如有，烦请各寄一册，不胜感激！

来信请寄：福建省漳州师范学院图书馆办公室。

邮编：363000

电话：0596-2591417

最后祝

身体健康！心想事成！

漳州师范学院图书馆

2013.6.17.

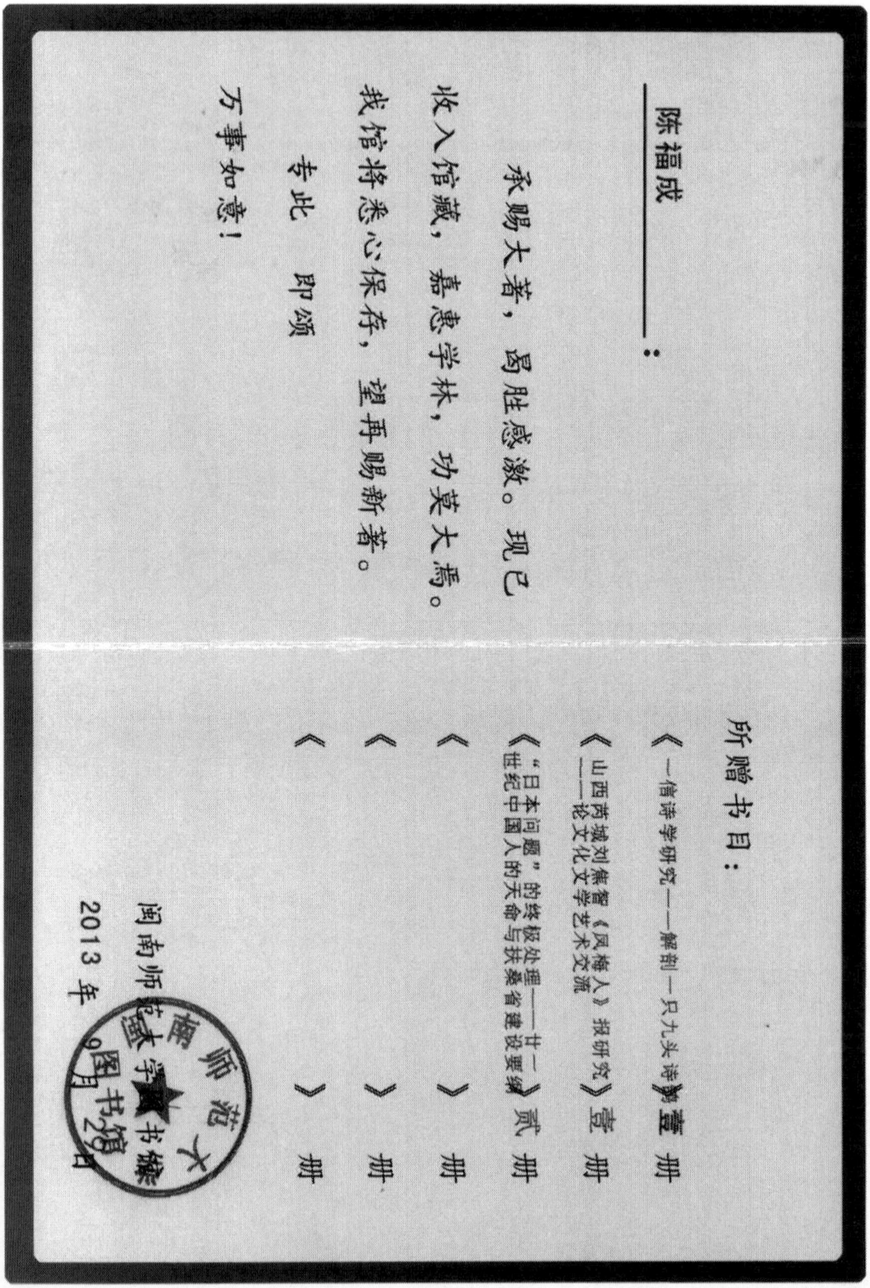

陈福成＿＿＿＿：

承赐大著，曷胜感激。现已收入馆藏，嘉惠学林，功莫大焉。我馆将悉心保存，望再赐新著。

专此　即颂

万事如意！

所赠书目：

《一信诗学研究——解剖一只九头诗鹅》壹 册

《山西芮城刘焦智《凤梅人》报研究——论文化文学艺术交流》壹 册

《"日本问题"的终极处理——廿一世纪中国人的天命与扶桑省建设要纲》贰 册

《　　》　册

《　　》　册

《　　》　册

闽南师范大学图书馆

2013 年 9 月 29 日

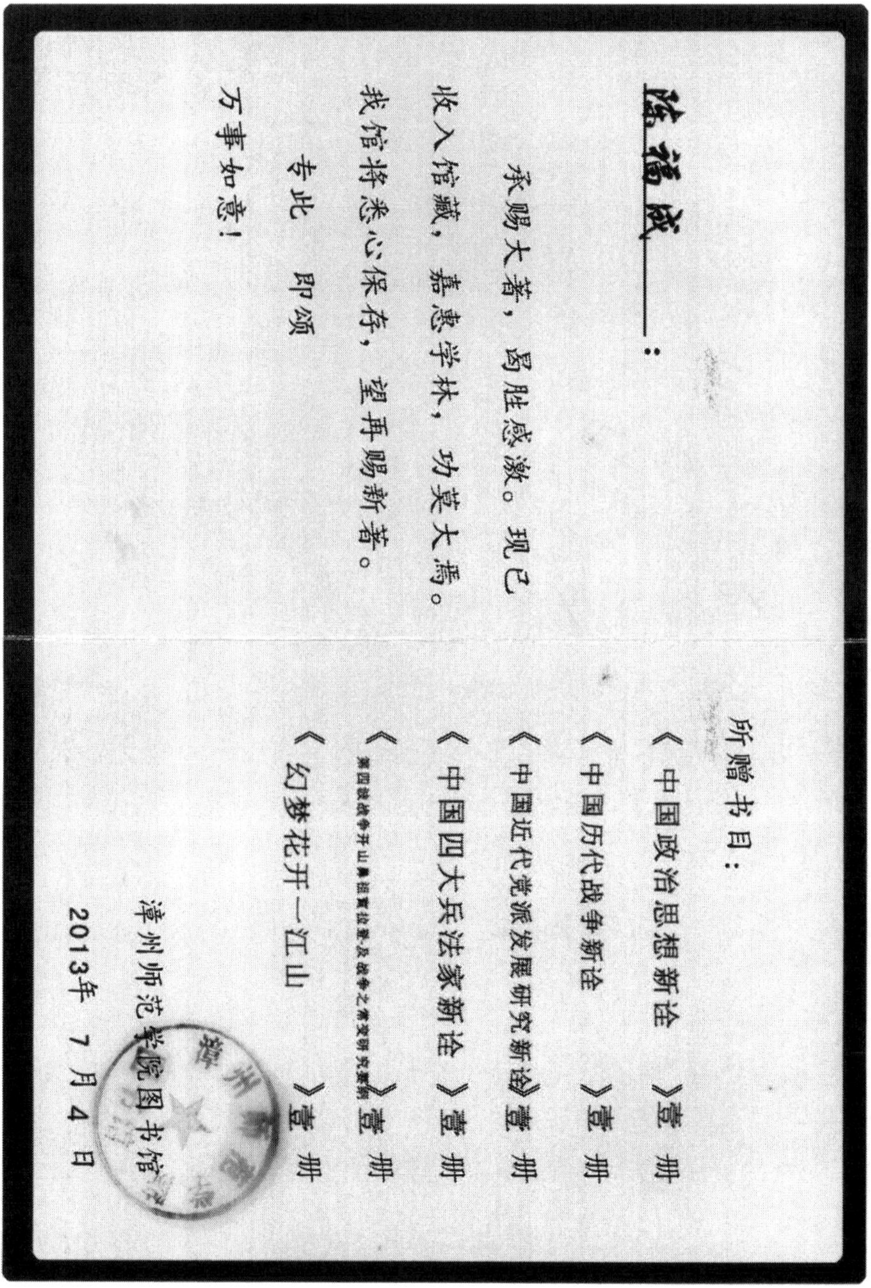

陈福成____：

承赐大著，曷胜感激。现已收入馆藏，嘉惠学林，功莫大焉。我馆将悉心保存，望再赐新著。

专此　即颂

万事如意！

所赠书目：

《中国政治思想新诠》壹 册

《中国历代战争新诠》壹 册

《中国近代党派发展研究新诠》壹 册

《中国四大兵法家新诠》壹 册

《第四波战争开山鼻祖宾拉登及战争之常变研究要纲》壹 册

《幻梦花开一江山》壹 册

漳州师范学院图书馆

2013年 7 月 4 日

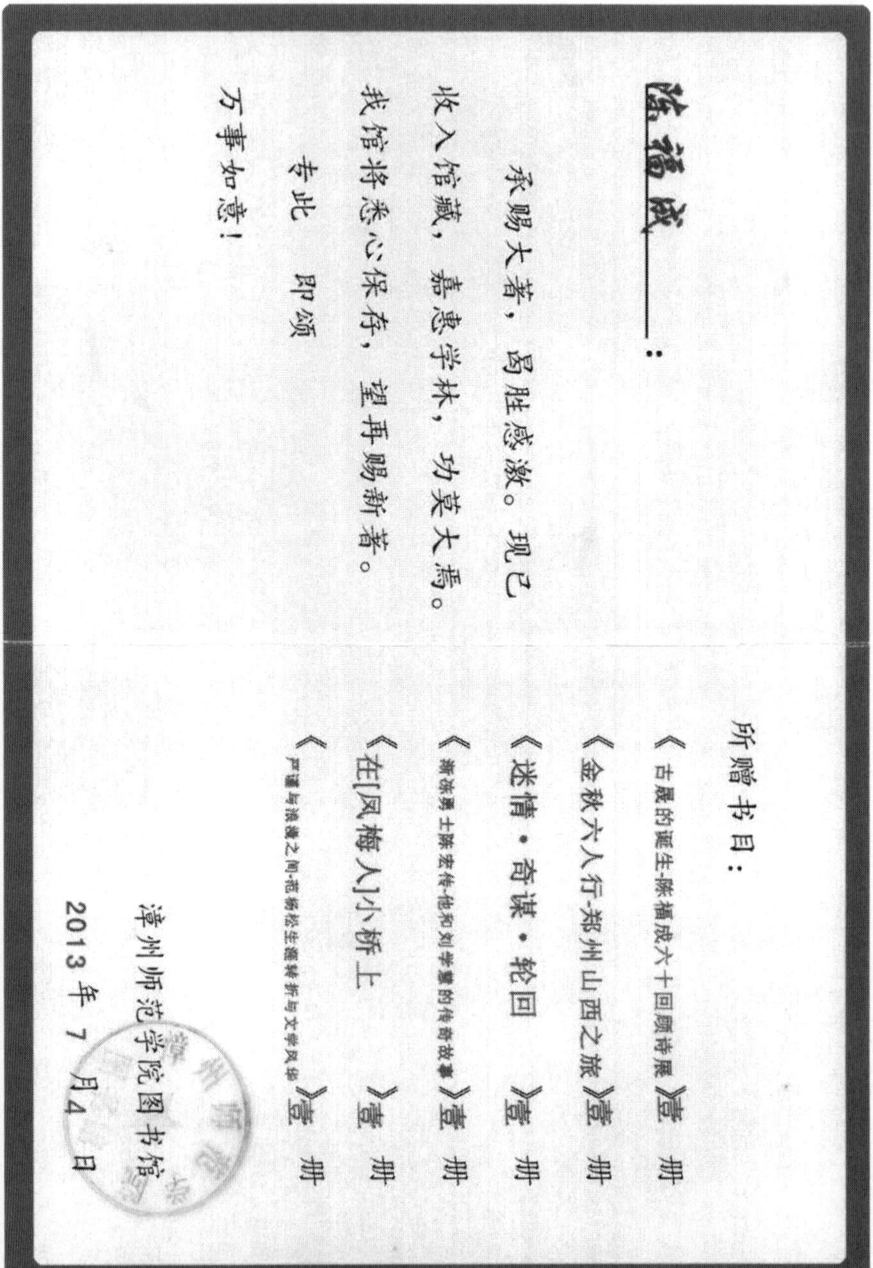

陈福成：

承赐大著，曷胜感激。现已收入馆藏，嘉惠学林，功莫大焉。我馆将悉心保存，望再赐新著。

专此　即颂

万事如意！

所赠书目：

《古晟的诞生-陈福成六十回顾诗展》壹 册

《金秋六人行-郑州山西之旅》壹 册

《迷情・奇谋・轮回》壹 册

《渐冻勇士陈宏传-他和刘学慧的传奇故事》壹 册

《在[凤梅人]小桥上》壹 册

《严谨与浪漫之间-范杨松生涯转折与文学风华》壹 册

漳州师范学院图书馆

2013年7月4日

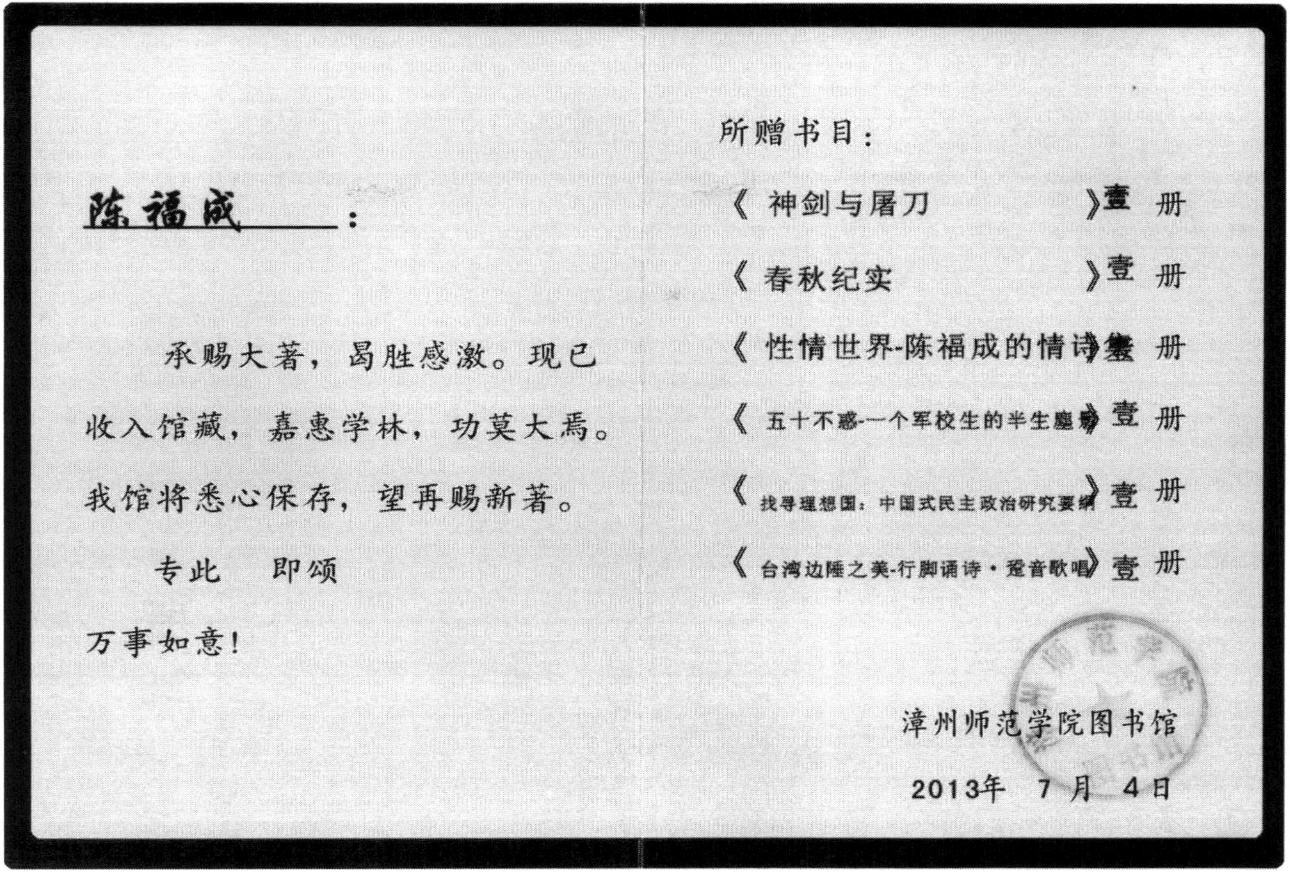

陈福成：

承赐大著，曷胜感激。现已收入馆藏，嘉惠学林，功莫大焉。我馆将悉心保存，望再赐新著。

专此 即颂

万事如意！

所赠书目：

《神剑与屠刀》壹册

《春秋纪实》壹册

《性情世界-陈福成的情诗》册

《五十不惑-一个军校生的半生塵影》壹册

《找寻理想国：中国式民主政治研究要纲》壹册

《台湾边陲之美-行脚诵诗・鋆音歌唱》壹册

漳州师范学院图书馆

2013年 7月 4日

陈福成先生：

您好！很高興收到您的來信！我館願意接受您的無償贈書。非常感謝您對我們圖書館的厚愛！歡迎您隨時來訪我館。

祝 好!

我館的聯繫方式是：辽宁大连市沙河口区尖山街 217 号

郵編： 116025

館長：

固定電話： 0411-84710616

手機： 18742520287

電子郵箱： wangyan@dufe.edu.cn

聯繫人： 于丽

聯繫電話：0411-84710534

東北財經大学

圖書館

2013 年 6 月 27 日

陈福成先生：

您好！您的四箱赠书已经收到，谨此深表谢意并转达王彦馆长对您的问候！

祝您身体健康！

东北财经大学图书馆

于丽

2013 年 7 月 22 日

陈福成先生：

您好！

非常感謝您给我們圖書館的贈書！祝您在新的一年裏身體健康，萬事如意！

東北財經大學圖書館

2013 年 12 月 13 日

华侨大学图书馆　　HUA QIAO UNIVERSITY LIBRARY

地址：中国 · 福建 · 泉州
邮编：362021
电话：0595-22691561
传真：0595-22691561

Add: Quanzhou, Fujian, China
Tel/ Fax: 0595-22691561
E-mail: lib@hqu.edu.cn

尊敬的陈福成先生：如晤

承蒙您对我馆的厚爱，惠赠图书《从做假到短期出家》《会秋六人行》等书4册，谢谢！

您的惠赠丰富了我们的馆藏，我们将在您赠送图书的扉页上加盖"陈福成先生赠送"印章入藏流通，供读者借阅，分享您的恩惠。

谨此，我们代表全校师生向您致以最诚挚的敬意！

祝

身体健康，事业发达！

华侨大学图书馆

2012年5月10日

华侨大学图书馆

HUA QIAO UNIVERSITY LIBRARY

地址：中国 · 福建 · 泉州
邮编：362021
电话：0595-22691561
传真：0595-22691561

Add: Quanzhou, Fujian , China
Tel/ Fax: 0595-22691561
E-mail: lib@hqu.edu.cn

尊敬的陈福成先生：如晤

承蒙您对我馆的厚爱，惠赠图书《政治学方法论的关键问题》《我们的春秋大业》等，共7册，谢谢！

您的惠赠丰富了我们的馆藏，我们将在您赠送图书的扉页上加盖“陈福成先生赠送”印章入藏流通，供读者借阅，分享您的恩惠。

谨此，我们代表全校师生向您致以最诚挚的敬意！

祝

身体健康，事业发达！

华侨大学图书馆

2012年11月13日

华侨大学图书馆

HUA QIAO UNIVERSITY LIBRARY

地址：中国 · 福建 · 泉州

邮编：362021

电话：0595-22691561

传真：0595-22691561

Add: Quanzhou, Fujian , China

Tel/ Fax: 0595-22691561

E-mail: libo@hqu.edu.cn

尊敬的：陈福成 先生如晤

承蒙您对我馆的厚爱，惠赠图书《一信诗学研究》一部、《一双九头诗鹤》等，共四册二份，特致谢！

您的惠赠丰富了我们的馆藏，我们将在您赠送图书的扉页上加盖“陈福成 先生赠送”印章入藏流通，供读者借阅，分享您的恩惠。

谨此，我们代表全校师生向您致以最诚挚的敬意！

祝：身体健康，事业发达！

华侨大学图书馆

2013年10月14日

FROM:

姓 名: 图书馆采访部

单 位: 华侨大学

地 址: 中国福建省泉州市丰泽区城华北路269号

邮 编: 362021 CHINA

华侨大学图书馆　　HUA QIAO UNIVERSITY LIBRARY

地址：中国 · 福建 · 泉州
邮编：362021
电话：0595-22691561
传真：0595-22691561

Add: Quanzhou, Fujian, China
Tel/ Fax: 0595-22691561
E-mail: lib@hqu.edu.cn

尊敬的陈福成先生：如晤

承蒙您对我馆的厚爱，惠赠图书《我所知道的孙大公：黄埔28期孙大公研究》《找寻理想国》共二册，谢谢！

您的惠赠丰富了我们的馆藏，我们将在您赠送图书的扉页上加盖"陈福成先生赠送"印章入藏流通，供读者借阅，分享您的恩惠。

谨此，我们代表全校师生向您致以最诚挚的敬意！

祝

身体健康，事业发达！

华侨大学图书馆

2011年5月13日

华侨大学图书馆　　HUA QIAO UNIVERSITY LIBRARY

地址：中国 · 福建 · 泉州
邮编：362021
电话：0595-22691561
传真：0595-22691561

Add: Quanzhou, Fujian , China
Tel/ Fax: 0595-22691561
E-mail: lib@hqu.edu.cn

尊敬的陈福成先生：如晤

承蒙您对我馆的厚爱，惠赠图书《幻梦花开一江山》《解开两岸大吊诡》等16册，谢谢！

您的惠赠丰富了我们的馆藏，我们将在您赠送图书的扉页上加盖“陈福成先生赠送”印章入藏流通，供读者借阅，分享您的恩惠。

谨此，我们代表全校师生向您致以最诚挚的敬意！

祝

身体健康，事业发达！

华侨大学图书馆

2011年9月20日

华侨大学图书馆 HUA QIAO UNIVERSITY LIBRARY

地址：中国 · 福建 · 泉州
邮编：362021
电话：0595-22691561
传真：0595-22691561

Add: Quanzhou, Fujian, China
Tel/ Fax: 0595-22691561
E-mail: lib@hqu.edu.cn

尊敬的陳福成先生：如晤

承蒙您对我馆的厚爱，惠赠图书《春秋诗选》《性情世界》等图书22种22册，谢谢！

您的惠赠丰富了我们的馆藏，我们将在您赠送图书的扉页上加盖"陳福成先生赠送"印章入藏流通，供读者借阅，分享您的恩惠。

谨此，我们代表全校师生向您致以最诚挚的敬意！

祝

身体健康，事业发达！

华侨大学图书馆

2011年6月21日

陈福成先生：

您好！

来信收悉，我们身隔两岸，都同为炎黄子孙，我们对您的爱国情怀和志向，表示崇敬，对您所列的书目，我们很感兴趣，十分乐意接受您的赠书。

书收到后，我们会给您寄去收藏荣誉证书，以感谢您对广西民族大学图书馆的关心与支持！希望您以后再有新作，再给我们赠来。

祝您工作顺利，身体健康，万事如意！

广西民族大学图书馆

馆长：

2011 年 4 月 21 日

附联系方式：

广西壮族自治区南宁市大学东路 188 号

广西民族大学图书馆，邮编 530006

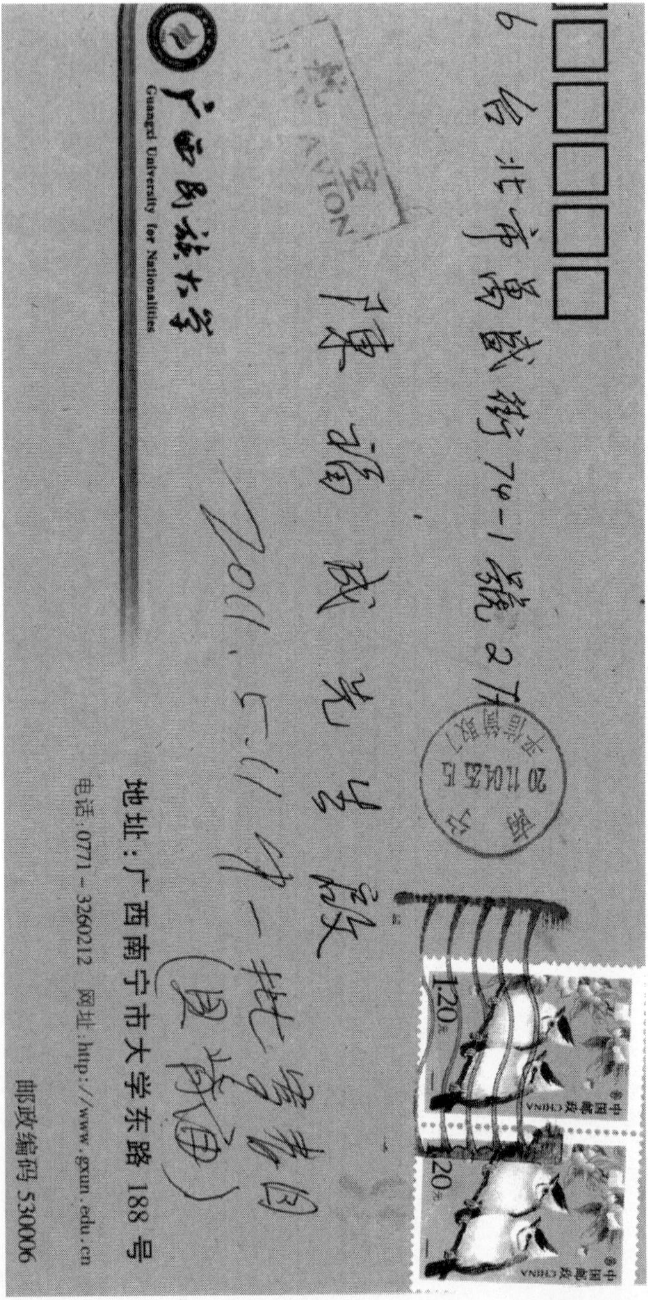
广西民族大学
Guangxi University for Nationalities
台北市南昌街74-1號2樓
陳福成先生 收
地址：广西南宁市大学东路 188 号
电话：0771－3260212　网址：http://www.gxun.edu.cn
邮政编码 530006

广西民族大学图书馆

捐贈榮譽証

陈福成先生：

您捐赠的《中国历代战争》等 共 24 册已被我馆收藏，衷心感谢您对我馆藏书建设的关心与支持。

特发此证，以示铭谢！

广西民族大学图书馆

2011 年 月 13 日

陈福成先生：

您好！

今天，欣喜地收到您惠赠我校的 **24** 本图书，我们虽隔海陆两岸，但都为了祖国和平繁荣努力不息。有幸得先生馈赠之书，受益良多，在此谨向先生致谢！希望在今后的日子里我们能有更多往来，互通有无。

祝宝岛台湾蒸蒸日上，也祝愿您幸福安康，万事顺意！

广西民族大学图书馆

馆长：

（李冠盛）

2011 年 **6** 月 **13** 日

感谢信

陈福成 女士/先生

您好！

您惠赠的我所知道的孙大公/找寻理想国：中国式民主政治研究要纲 图书 2/1 册（套），本馆已收到，我们将悉心收藏，以此回报您对我们工作的支持。

大厦巍然，梁椽共举，慷慨捐书，以资后学！对您的惠赠，我们表示诚挚的谢意和深深的敬意。

敬祝

安康！

西南大学图书馆馆长

2011年 12月 9 日

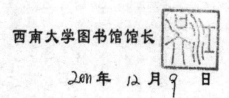

尊敬的陳先生:

您好！

因放暑假耽誤了給您及時回信，怠慢之處敬請原諒。

非常感謝您的慷慨捐贈，您的著作本館很需要，我們非常樂意接受您的贈書。

地址：中國重慶市北碚區天生路 1 號西南大學圖書館文獻資源部

郵編：400716

收件人：趙曉莅　電話：86-023-68253789

敬祝秋安！

西南大學圖書館

趙曉莅

2013. 9. 9

山东科技大学六十周年校庆
The 60th Anniversary of Shandong University of Science and Technology

陈福成先生：

您好！

承蒙先生惠赠书作，深表谢意！

今两箱共计二十七册著作已悉数收到并珍藏，特回寄收藏证书及小礼品一份，不成敬意，聊表纪念。

同时转达我们馆长对先生的诚挚感谢！谨祝

平安喜乐！

山东科技大学图书馆

二〇一一年六月十日

证书

先生/女士

您的书作

被我馆收藏。特颁此证并致谢意。

山东科技大学图书馆

年　月　日

尊敬的陈先生：

您好！

来信已收到，我馆愿意接受您的赠书，并对您的捐赠表示深深的谢意。

另外，捐赠图书是否需要什么官方手续？运费问题怎样解决？还有为了方便联系，请用电子邮件联系，我方的邮箱是 tsgwhq@163.com　联系人王慧秋，也请告知您的电邮。

再次对您的捐赠表示感谢，谢谢！

此致

敬礼

山东科技大学图书馆

2011.5.11

附我馆的详细地址：

邮政编码 266510

详细地址 山东省青岛市经济开发区前湾港路 579 号

山东科技大学图书馆

电话 0532 86057626（馆长办公室）

0532 86057136（采编室）联系人 王慧秋

陈福成 女士/先生 臺鑒：

惠贈《大陆政策与两岸关系 / 台大逸仙学会》等多种图书 27 册業已列入館藏。

對您嘉惠學林之舉，深表謝忱。

即頌

時綏

厦門大學圖書館館長：

2012年2月23日

陈福成 女士/先生 臺鑒：

惠贈《最自在的是彩霞》等七種七冊業已列入館藏。對您嘉惠學林之舉，深表謝忱。

即頌

時綏

廈門大學圖書館館長：

2012年12

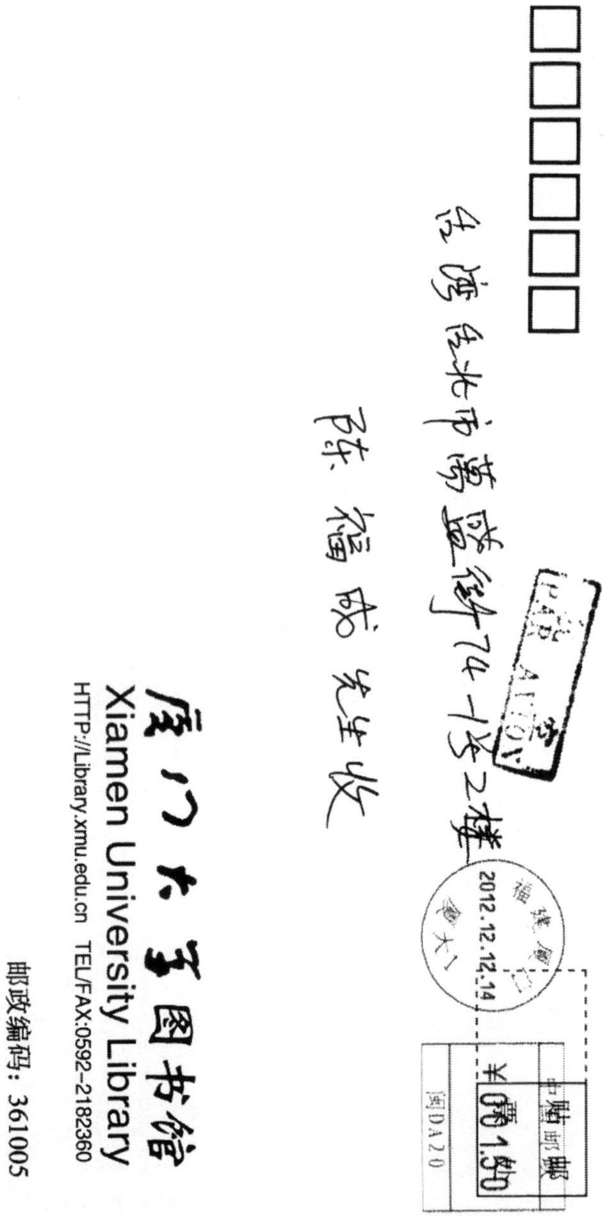
台灣台北市萬盛街74-1號2樓
陳福成先生收
PAR AVION
2012.12.12.14
厦门大学图书馆
Xiamen University Library
HTTP://Library.xmu.edu.cn TEL/FAX:0592-2182360
邮政编码：361005

陈福成 女士/先生 臺鑒：

惠贈 ①中国神谱 ②《金秋六人行》 ③从皈依到短期出家 ④神剑与屠刀 ⑤中国当代平民诗人王学忠诗歌 ⑥凤梅人（报纸）

6 種　　　　册業已列入館藏。

對您嘉惠學林之舉，深表謝忱。

即頌

時綏

廈門大學圖書館館長

2012 年 5 月 23 日

陈福成 女士/先生 臺鑒：

惠贈《神剑与屠刀 顿悟学习》等

2種 2 册業已列入館藏。

對您嘉惠學林之舉，深表謝忱。

即頌

時綏

厦門大學圖書館館長：

2011年12月20日

收藏证书

COLLECTIONCREDENTIAL

NO. ZZULIL2029

尊敬的陈福成先生：

承蒙惠赠专著《神剑与屠刀》等共计58册，必尊雅意，妥为珍藏，善加利用。您心系我馆藏书建设，功在传播科学文化，特颁此证，深表敬意！

谨致谢忱！

收藏单位：郑州轻工业学院图书馆

2013 年 [illegible] 日

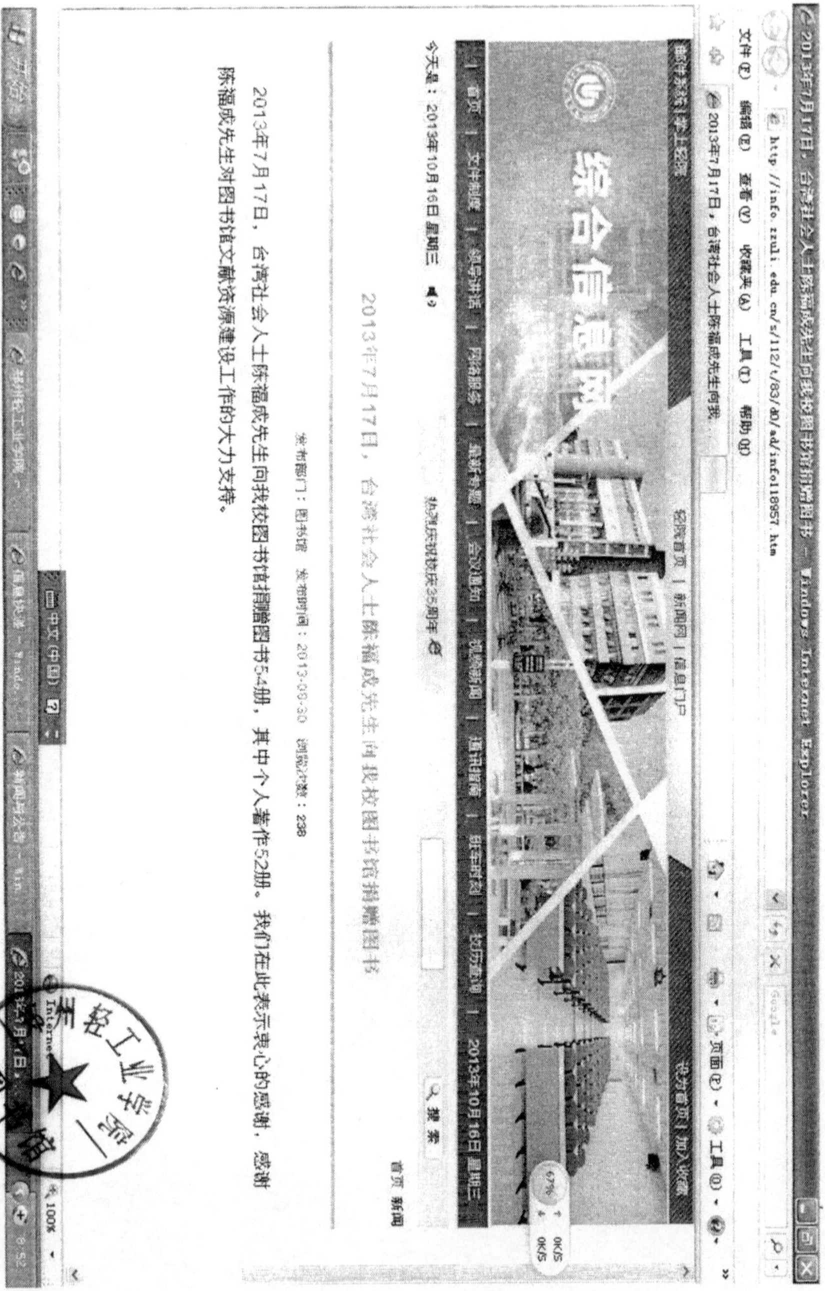
2013年7月17日，台湾社会人士陈福成先生向我校图书馆捐赠图书 - Windows Internet Explorer
http://info.zzuli.edu.cn/s/112/t/83/d0/ad/info118957.htm
文件(F) 编辑(E) 查看(V) 收藏夹(A) 工具(T) 帮助(H)
综合信息网
学院首页 | 新闻网 | 信息门户
首页 | 文件制度 | 领导讲话 | 网络服务 | 最新专题 | 会议通知 | 视频新闻 | 通讯指南 | 班车时刻 | 校历查询 | 2013年10月16日 星期三
今天是：2013年10月16日 星期三
热烈庆祝校庆35周年
2013年7月17日，台湾社会人士陈福成先生向我校图书馆捐赠图书
发布部门：图书馆 发布时间：2013-09-30 浏览次数：238
2013年7月17日，台湾社会人士陈福成先生向我校图书馆捐赠图书54册，其中个人著作52册。我们在此表示衷心的感谢，感谢陈福成先生对图书馆文献资源建设工作的大力支持。

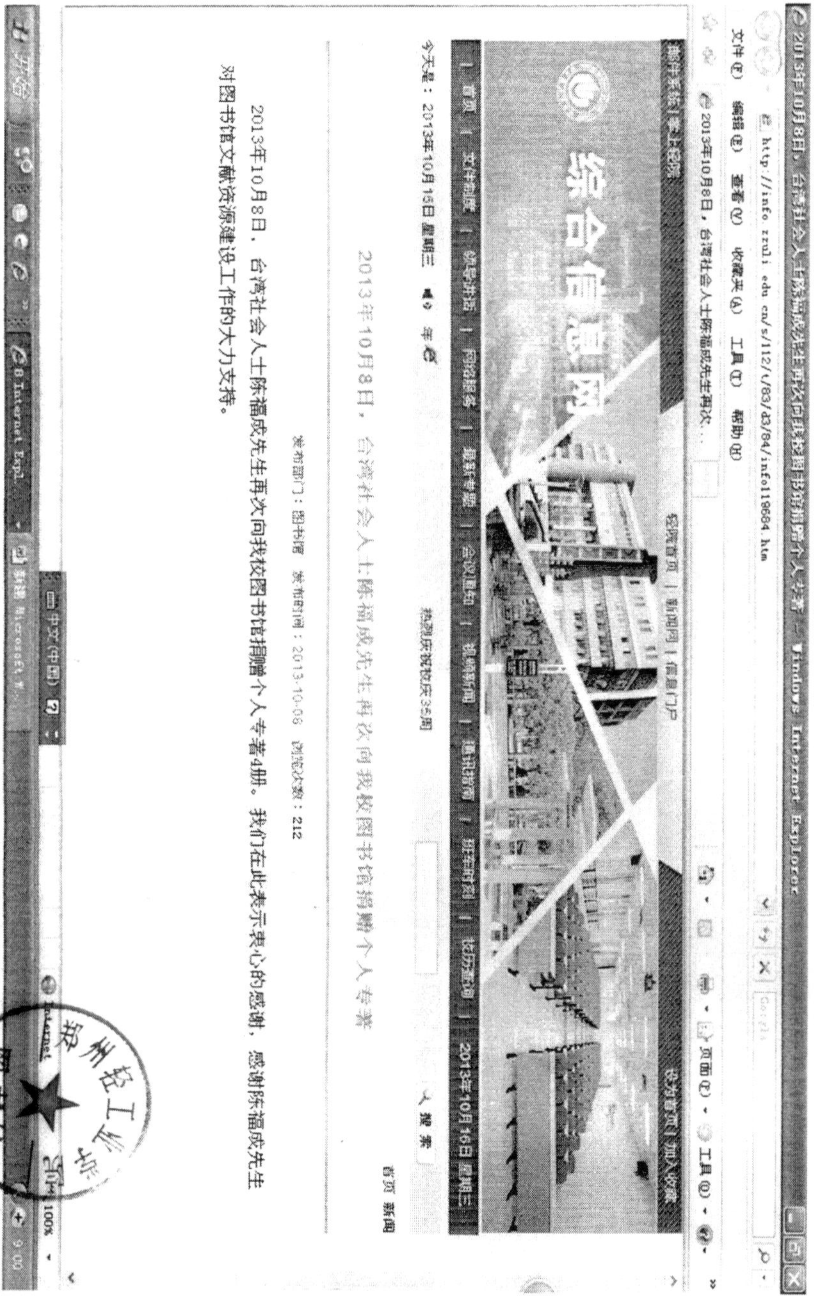
2013年10月8日，台湾社会人士陈福成先生再次向我校图书馆捐赠个人专著 - Windows Internet Explorer
http://info.zzuli.edu.cn/s/112/t/83/d3/84/info119684.htm
文件(F) 编辑(E) 查看(V) 收藏夹(A) 工具(T) 帮助(H)
2013年10月8日，台湾社会人士陈福成先生再次...
综合信息网
首页 | 文件制度 | 领导讲话 | 网络服务 | 最新专题 | 会议通知 | 视频新闻 | 通讯指南 | 班车时刻 | 校历查询 | 2013年10月16日 星期三
今天是：2013年10月16日 星期三
2013年10月8日，台湾社会人士陈福成先生再次向我校图书馆捐赠个人专著
发布部门：图书馆 发布时间：2013-10-08 浏览次数：212
2013年10月8日，台湾社会人士陈福成先生再次向我校图书馆捐赠个人专著4册。我们在此表示衷心的感谢，感谢陈福成先生对图书馆文献资源建设工作的大力支持。
图书馆

陈福成先生：

您好！

来信收到，您心系祖国，关爱高校，并把著作捐赠给郑州轻工业学校图书馆，我们非常高兴。我们可以将您惠赠的图书，在图书馆设置图书专架展示存放您的作品，并在校园网上发布捐赠信息，同时给您寄送捐赠证书。因图书专架需挂牌个人简介，赠书时请另附。在此，对您的诚挚之心深表感谢！希望早日拜读您的大作！

联系方式：

地址：河南省郑州市东风路 5 号郑州轻工业学院图书馆 109 室 邮编：450002

办公电话：0371-63556759

联系人：吴起立

郑州轻工业学院图书馆

2013 年 7 月 2 日

收藏證
陳福成先生：
您的大作「信詩學研究」等
已被我館永久收藏，特發此證。
以作紀念。
西華師範大學圖書館

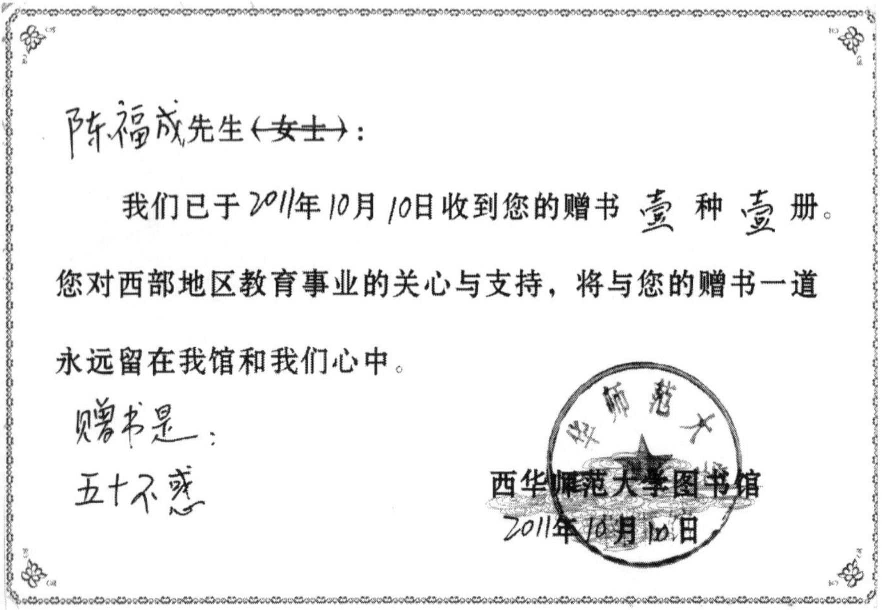

陈福成先生~~（女士）~~：

我们已于2011年10月10日收到您的赠书 壹 种 壹 册。

您对西部地区教育事业的关心与支持，将与您的赠书一道永远留在我馆和我们心中。

赠书是：

五十不惑

西华师范大学图书馆

2011年10月10日

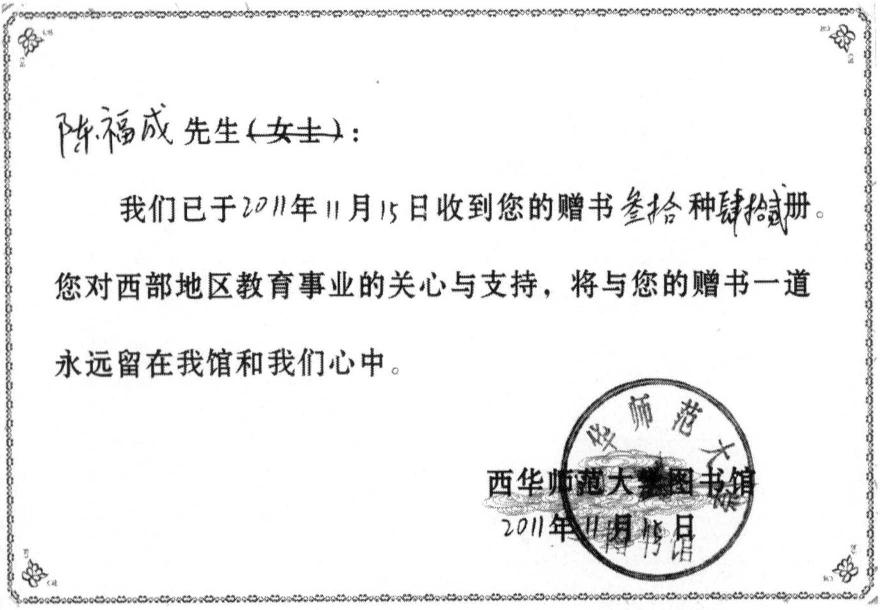

陈福成先生~~（女士）~~：

我们已于2011年11月15日收到您的赠书叁拾种肆拾贰册。

您对西部地区教育事业的关心与支持，将与您的赠书一道永远留在我馆和我们心中。

西华师范大学图书馆

2011年11月15日

陈福成 先生~~（女士）~~：

我们已于2012年5月8日收到您的赠书肆　种肆　册。您对西部地区教育事业的关心与支持，将与您的赠书一道永远留在我馆和我们心中。

西华师范大学图书馆
2012年5月8日

陈福成先生~~（女士）~~：

我们已于2012年11月13日收到您的赠书 柒 种 捌 册。您对西部地区教育事业的关心与支持，将与您的赠书一道永远留在我馆和我们心中。

西华师范大学图书馆
2012年11月13日

陈福成先生：您好！

赠书函已收到。非常荣幸的获悉，您能将您的著作和编译的图书无偿的赠送给我们图书馆，在此，先表示我们衷心的感谢。

根据您提供的目录，也考虑到我们馆藏需要，选出了 20 余种图书（见附页打勾√的图书），在您方便的时候，用方便的传递方式发送给我们。

最后，希望我们国家早日实现和平统一！

祝：陈先生身体健康！

赠书接收单位：

地址：四川省成都市二环路北一段 111 号 西南交通大学图书馆文献部

邮编：610031

收件人：杨平鲜

联系方式：

E-Mail: pxyang@home.swjtu.edu.cn

电话：028-87601554

（周一～周五　上午 8:00-11:30；下午 2:30-5:30）

杨平鲜

2011-4-26

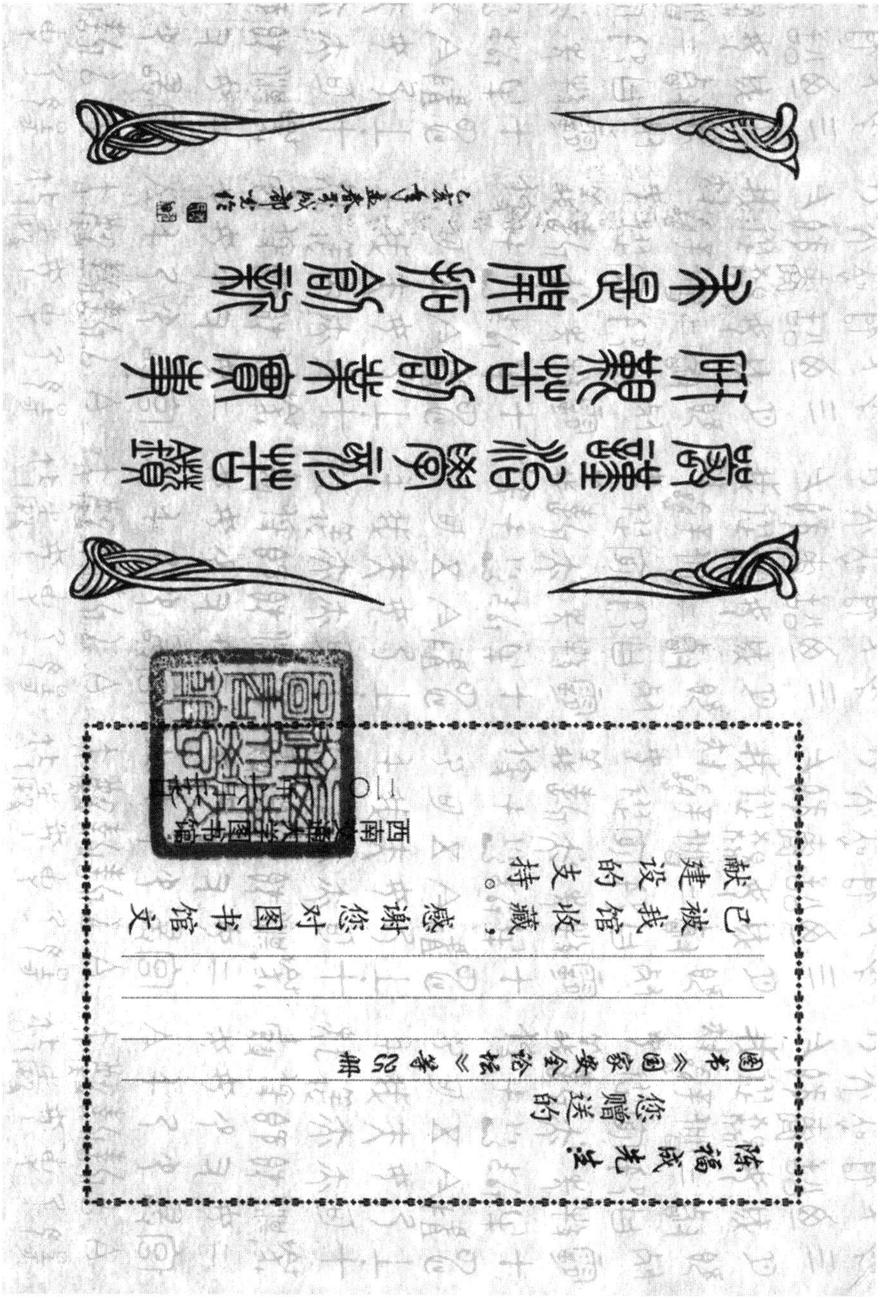
陈福成先生：
您赠送的
图书《国家安全论坛》等25册
已被我馆收藏，感谢您对图书馆文献建设的支持。
西南大学图书馆
二〇

荣誉证书

陈福成先生：

您为我校图书馆捐赠《五十不惑》共1册图书，感谢您为我校图书馆建设和中医药教育事业的发展所作出的贡献。

特发此证存念。

成都中医药大学图书馆

2011年9月5日

荣誉证书

陈福成先生：

您为我校图书馆捐赠《迴游的鮭魚》等共56册图书，感谢您为我校图书馆建设和中医药教育事业的发展所作出的贡献。

特发此证存念。

成都中医药大学图书馆

2011年[illegible]月15日

荣誉证书

陈福成先生：

您为我校图书馆捐赠《政治学方法论的[illegible]关键问题》等共 6 册图书，感谢您为我校图书馆建设和中医药教育事业的发展所作出的贡献。

特发此证存念。

成都中医药大学图书馆

2012 年 11 月 16 日

陈福成先生捐赠图书
书　　单

迷情奇谋轮回 1.2.3、修订本	6
性情世界	1
春秋诗选	1
幻梦花间一江山	1
历史上的三把利刃	1
五十不惑	1
顿悟学习	2
公主与王子的梦幻	2
古道秋风瘦笔	1
从地狱归来	1
国家安全与战略关系	1
一个军校生的台大闲情	1
国家安全论坛	1
春秋正义	1
春秋记实	1
第四波战争开山鼻祖宾拉登	2
找寻理想国	2
我所知道的孙大公	1
孙子实战经验研究	1
解开两岸 10 大弔诡	1
中国四大兵法家新诠	1
中国历代战争新诠	1
中国近代党派发展研究新诠	1
中国政治思想新诠	1
赤县行脚神州心旅	1
[illegible]政策与两岸关系	1
	2
	1
男人和女人的情话真话	1
洄游的鲑鱼	1
在“凤梅人”小桥上	1
三月诗会研究	1
山西芮城刘焦智《凤梅人》报研究	1
渐冻勇士陈宏傅	1

共计：44 册

湖南师范大学图书馆

2013.04.03

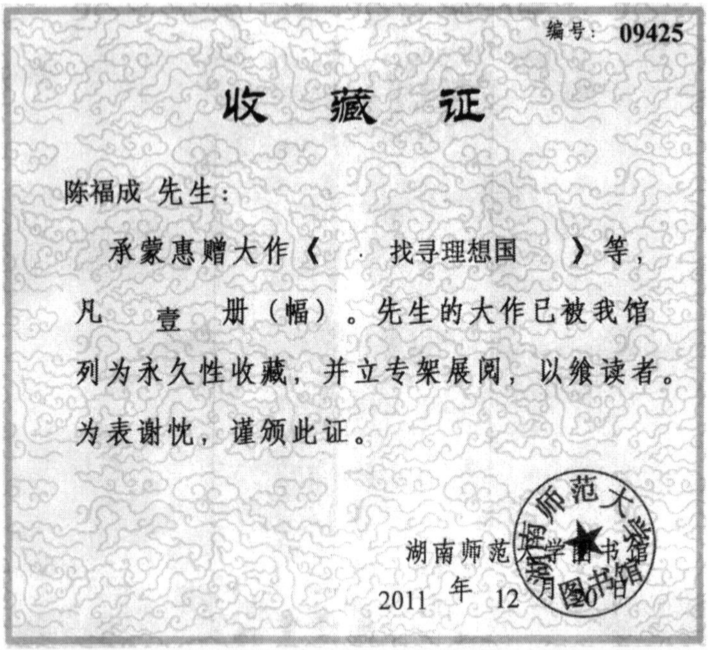

编号：09425

收　藏　证

陈福成 先生：

承蒙惠赠大作《　找寻理想国　》等，凡　壹　册（幅）。先生的大作已被我馆列为永久性收藏，并立专架展阅，以飨读者。为表谢忱，谨颁此证。

湖南师范大学图书馆

2011 年 12 月 20 日

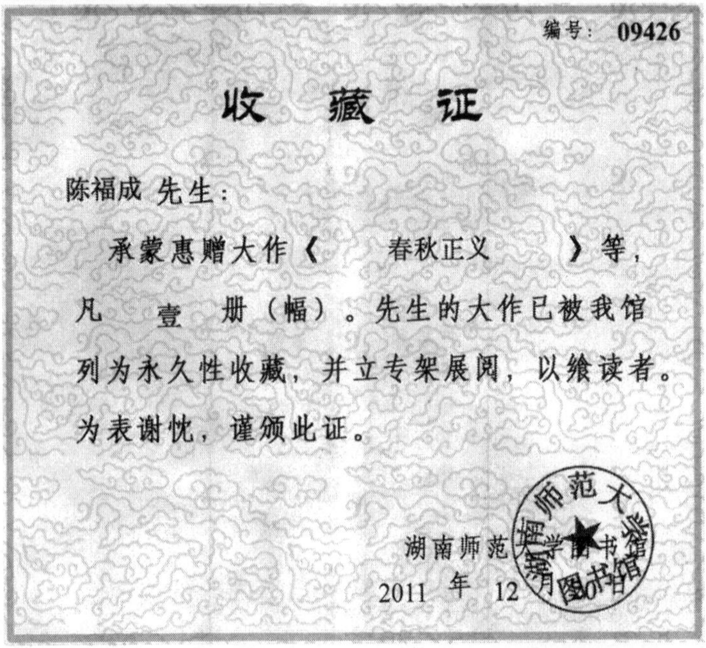

编号：09426

收　藏　证

陈福成 先生：

承蒙惠赠大作《　春秋正义　》等，凡　壹　册（幅）。先生的大作已被我馆列为永久性收藏，并立专架展阅，以飨读者。为表谢忱，谨颁此证。

湖南师范大学图书馆

2011 年 12 月 20 日

编号：09523

收　藏　证

陈福成　先生：

承蒙惠赠大作《大浩劫后　　　　》等，凡陆　　册（幅）。先生的大作已被我馆列为永久性收藏，并立专架展阅，以飨读者。为表谢忱，谨颁此证。

湖南师范大学图书馆

2012 年 11 月 20 日

编号：09568

收　藏　证

陈福成　先生：

承蒙惠赠大作《性情世界　　　　》等，凡　肆拾肆册（幅）。先生的大作已被我馆列为永久性收藏，并立专架展阅，以飨读者。为表谢忱，谨颁此证。

湖南师范大学图书馆

2013 年 04 月　日

陈福成先生台鉴:

来函拜悉，感谢先生身居宝岛心系祖国的殷殷情怀。先生拟赠图书我馆将妥为收藏保管利用，身体力行弘大先生义举，共同延续中华民族的文化传承。谢谢!

山西农业大学图书馆

2013-6-27

地址：山西省太谷县

邮编：030801

单位名称：山西农业大学图书馆

联系人：张○娥 (0354－6288823)

河南大學圖書館
贈書感謝狀
尊敬的陳福成 先生
承蒙惠贈典籍 種 冊(件)，沾溉學林，同深感激。已奉雅意，悉心珍藏，以供衆覽，專此布達，敬申謝忱！
河南大學圖書館館長 李景文
2013年2月30日
Henan University Library
1912
河南大学图书馆

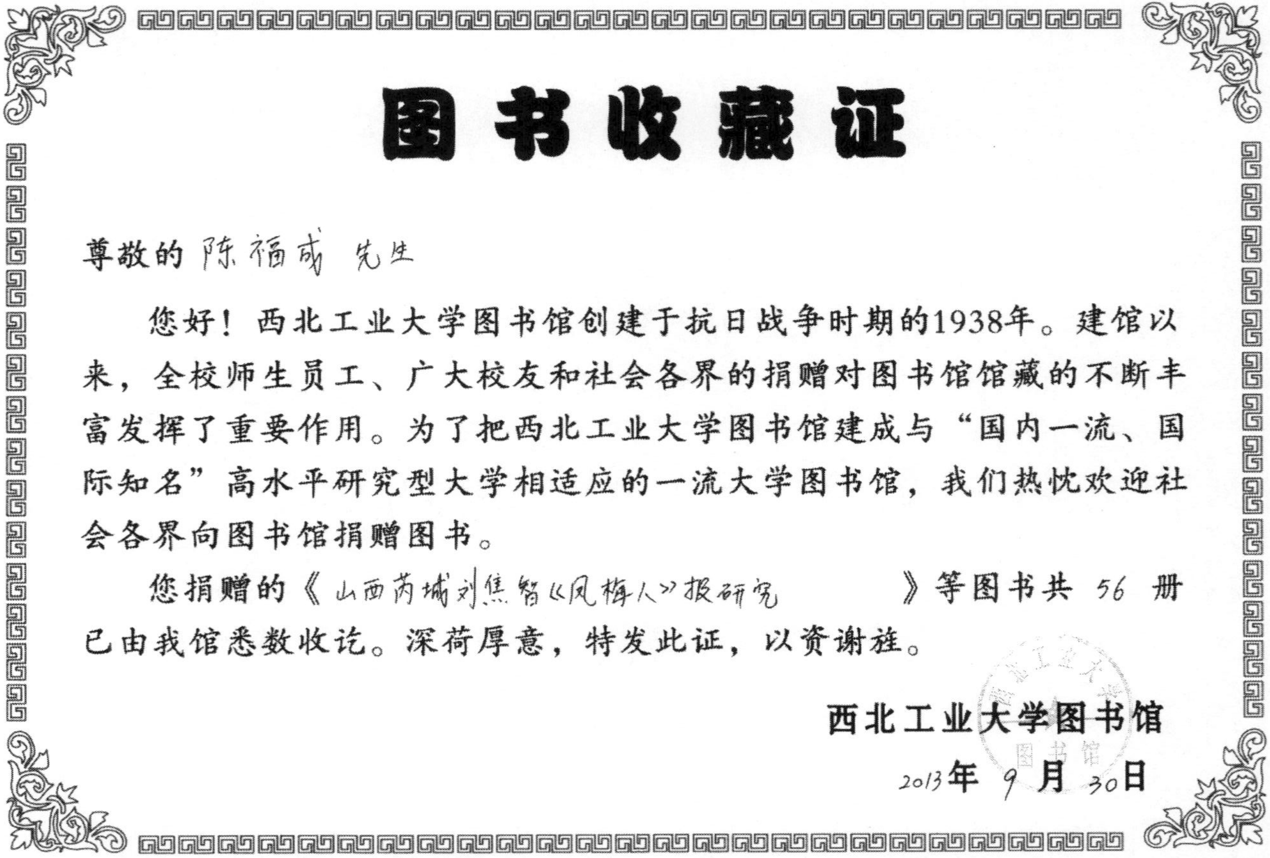

图书收藏证

尊敬的 陈福成 先生

您好！西北工业大学图书馆创建于抗日战争时期的1938年。建馆以来，全校师生员工、广大校友和社会各界的捐赠对图书馆馆藏的不断丰富发挥了重要作用。为了把西北工业大学图书馆建成与“国内一流、国际知名”高水平研究型大学相适应的一流大学图书馆，我们热忱欢迎社会各界向图书馆捐赠图书。

您捐赠的《山西芮城刘焦智《凤梅人》报研究》等图书共 56 册已由我馆悉数收讫。深荷厚意，特发此证，以资谢旌。

西北工业大学图书馆

2013年 9 月 30日

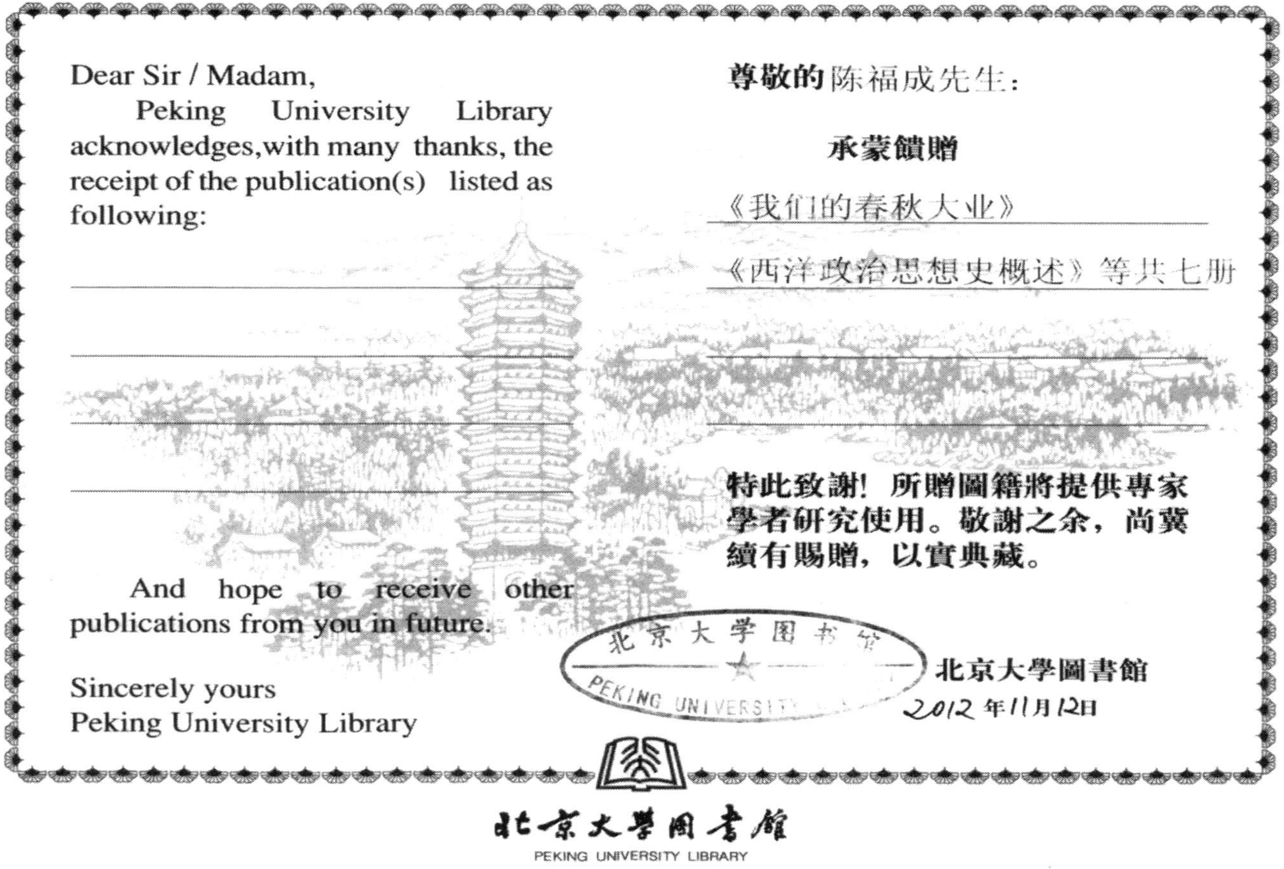

Dear Sir / Madam,

Peking University Library acknowledges,with many thanks, the receipt of the publication(s) listed as following:

And hope to receive other publications from you in future.

Sincerely yours
Peking University Library

尊敬的陈福成先生：

承蒙饋贈

《我们的春秋大业》

《西洋政治思想史概述》等共七册

特此致謝！所贈圖籍將提供專家學者研究使用。敬謝之余，尚冀續有賜贈，以實典藏。

北京大學圖書館
2012年11月12日

北京大學圖書館
PEKING UNIVERSITY LIBRARY

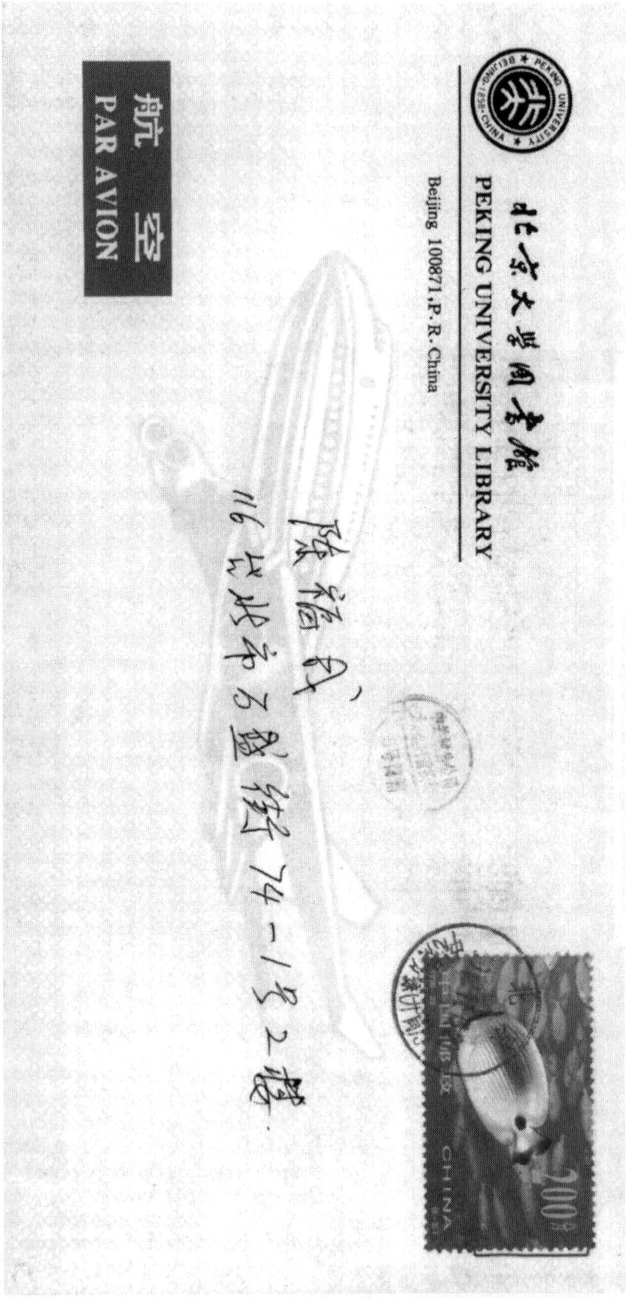
北京大學圖書館
PEKING UNIVERSITY LIBRARY
Beijing 100871,P.R.China
航空
PAR AVION
CHINA

Dear Sir / Madam,

Peking University Library acknowledges, with many thanks, the receipt of the publication(s) listed as following:

And hope to receive other publications from you in future.

Sincerely yours
Peking University Library

尊敬的　陈福成先生：

承蒙饋贈

《找寻理想国》《我所知道的孙大公》各一册

特此致謝！所贈圖籍將提供專家學者研究使用。敬謝之余，尚冀續有賜贈，以實典藏。

北京大學圖書館
2011年5月10日

北京大學圖書館
PEKING UNIVERSITY LIBRARY

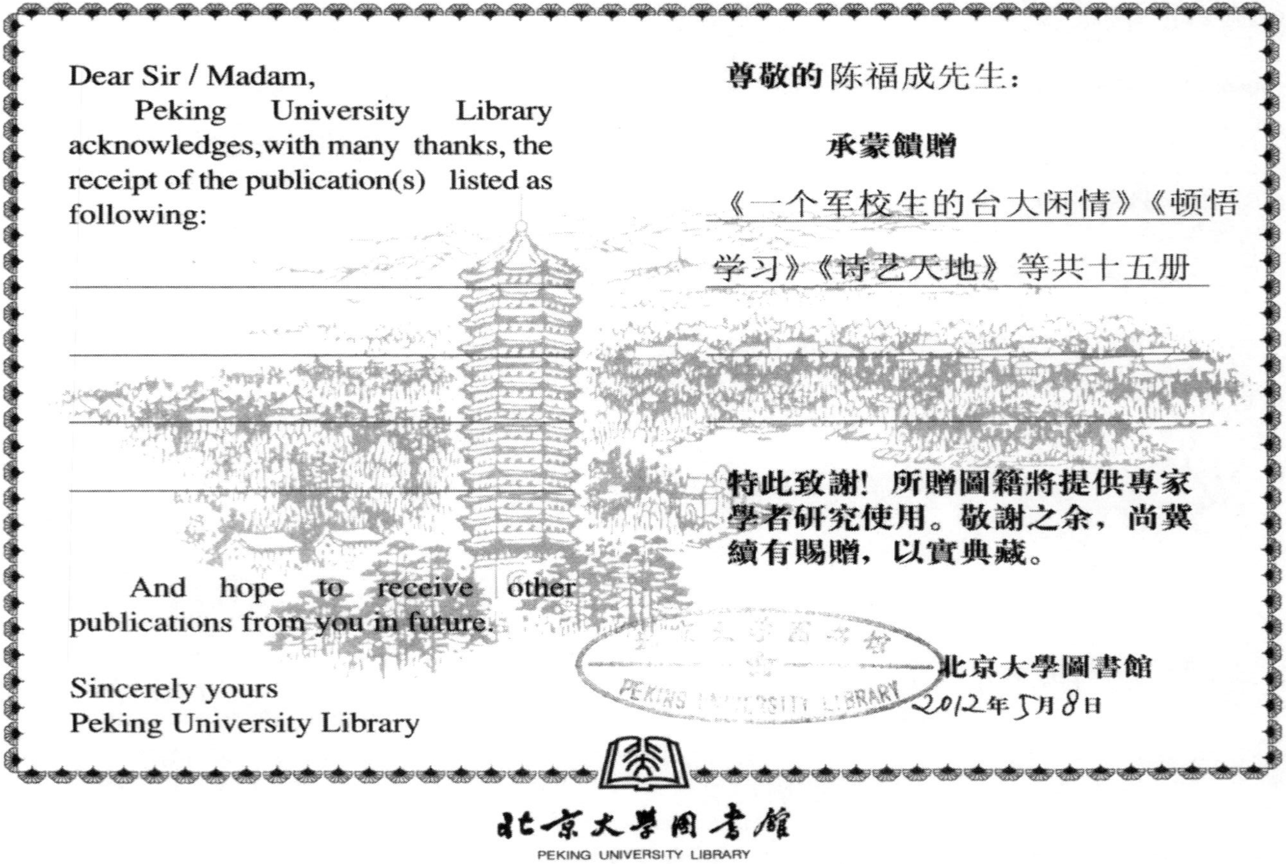

Dear Sir / Madam,

Peking University Library acknowledges, with many thanks, the receipt of the publication(s) listed as following:

And hope to receive other publications from you in future.

Sincerely yours
Peking University Library

尊敬的陈福成先生：

承蒙饋贈

《一个军校生的台大闲情》《顿悟学习》《诗艺天地》等共十五册

特此致謝！所贈圖籍將提供專家學者研究使用。敬謝之余，尚冀續有賜贈，以實典藏。

北京大學圖書館
2012年5月8日

北京大學圖書館
PEKING UNIVERSITY LIBRARY

Dear Sir / Madam,

Peking University Library acknowledges, with many thanks, the receipt of the publication(s) listed as following:

And hope to receive other publications from you in future.

Sincerely yours
Peking University Library

尊敬的陈福成先生：

承蒙饋贈

个人著作共计二十五册

特此致謝！所贈圖籍將提供專家學者研究使用。敬謝之余，尚冀續有賜贈，以實典藏。

北京大學圖書館
2011年7月1日

清華大學圖書館
中国 北京 100084
电话/Phone: 62784591
http://www.lib.tsinghua.edu.cn

Tsinghua University Library
Beijing 100084 China
传真/Fax:86-10-62781758

尊敬的陳福成先生:

您好!

您贈送的圖書《找尋理想國：中國式民主政治研究綱要》、《我所知道的孫大公》，業已收到。茲將回條寄上，特此致謝！敬謝之余，尚冀加強聯繫，續有惠贈，以實典藏。

清華大學圖書館
晏淩 敬上
2011 年 7 月 15 號

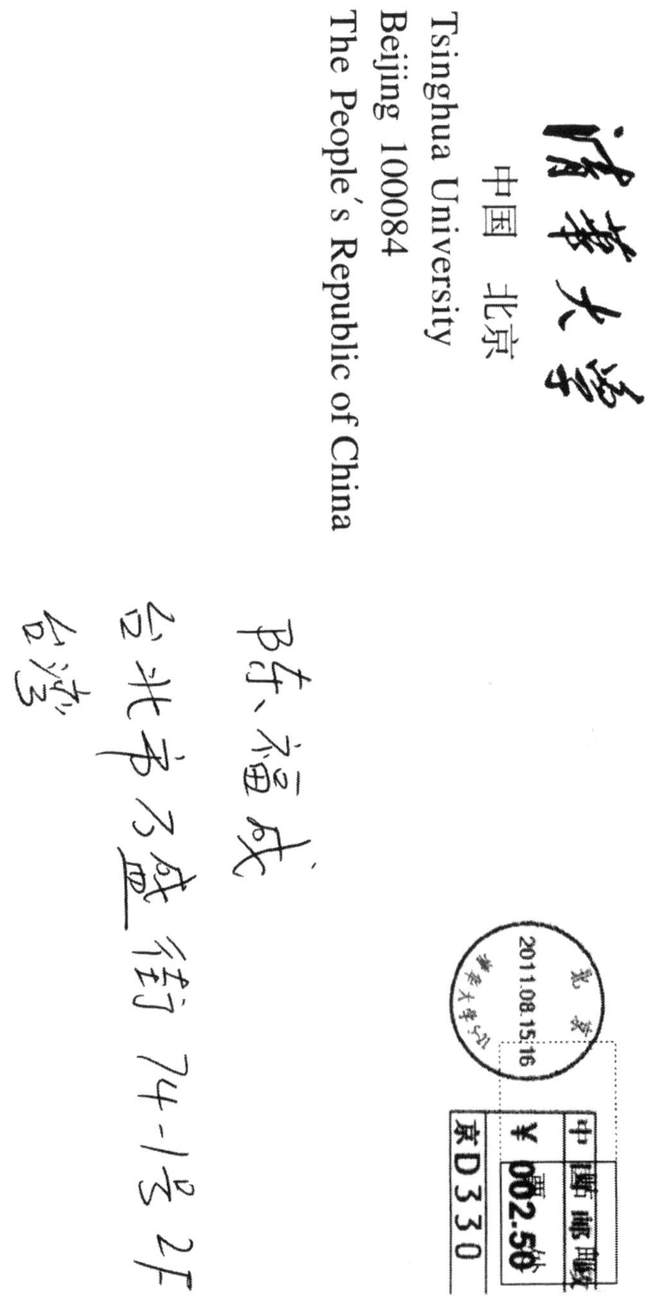
清華大學
中国 北京
Tsinghua University
Beijing 100084
The People´s Republic of China
陳福成
台北市万盛街74-1号2F
台湾
2011.08.15.16
中國郵政
¥002.50
京D330

陈福成先生：
恭贺　新禧
吉祥　如意
清華大學圖書館
2011年12月8日
Best Wishes for
A Merry Christmas and
A Happy New Year 2012

陈先生：　您好

您捐赠图书的清单收到，我们用红笔选划了 18 种，感谢您的惠赠。

地址：

北京市西城区木樨地南里中国人民公安大学图书馆　张艺老师收

邮政编码：100038

电话：　83903223

中国人民公安大学图书馆

2013.06.20

清華大學圖書館

中国　北京　100084

电话/Phone: 62784591

http://www.lib.tsinghua.edu.cn

Tsinghua University Library

Beijing 100084 China

传真/Fax:86-10-62781758

尊敬的陳福成先生：

您好！

您贈送的圖書業已收到（詳見清單）。茲將回條寄上，特此致謝！敬謝之余，尚冀加強聯繫，續有惠贈，以實典藏。

清華大學圖書館

晏淩　敬上

2011 年 12 月 20 號

書目清單（共计 28 种/51 册）：

1、　一個軍校生的台大閒情
2、　八方風雲 性情世界
3、　迷情．奇謀．輪回
4、　在"鳳梅人"小橋上
5、　山西芮城劉焦智《鳳梅人》報研究
6、　我所知道的孫大公
7、　漸凍勇士陳宏傳
8、　三月詩會研究：春秋大業十八年
9、　國家安全與戰略關係
10、　男人和女人的情話真話
11、　愛倫坡恐怖推理小說經典新選
12、　回游的鮭魚
13、　春秋詩選
14、　性情世界：陳福成的情詩集
15、　幻夢花開一江山
16、　中國近代黨派發展研究新詮
17、　中國政治思想新詮
18、　中國歷代戰爭新詮
19、　中國四大兵法家新詮
20、　大陸政策與兩岸關係
21、　解開兩岸 10 大吊詭
22、　新領導與管理實務
23、　古道．秋風．瘦筆
24、　孫子實戰經驗研究
25、　大浩劫後
26、　第四波戰爭開山鼻祖賓拉登
27、　找尋理想國
28、　國家安全論壇

陈福成先生：

您好！

收到您的来信，得知您愿意慷慨的捐赠自己的著作到中国政法大学图书馆，非常感谢您对我校图书馆文献资源建设的支持和帮助，经馆藏查询将需要的书目清单给您。望在邮寄之前给我回复确定捐赠书目，方便我办理相关手续。

祝好！

刘鸿霞馆员

邮寄地址：北京市海淀区西土城路 25 号

中国政法大学图书馆文献资源部

邮编：100088

联系人：刘鸿霞馆员

电话：010-58908308（办公） 18611195860（手机）

Email：hongxial@cupl.edu.cn

陳先生，您好！

我是中央民族大學圖書館的工作人員。閱讀您的來函，感謝您心系祖國的教育事業。我們學校很需要您的著作，如果可以我們很樂意接受您的饋贈。非常感謝。

我們的詳細地址如下：

北京市海澱區中關村南大街 27 號中央民族大學圖書館；郵編：100081

電話是：01068932417 轉 1056 或 01068932317 轉 1056 ；

收件人：採編部

致

禮！

中央民族大學圖書館採編部

2013-07-06

尊敬的陈福成先生：

兹收到您的赠书

《三月诗会研究：春秋大业十八年》、《春秋诗选》、《顿悟学习》、《新领导与管理实务：新丛林时代领袖群论的政治智慧》、《渐冻勇士陈宏传：他和刘学慧的传奇故事》等著作共二十三种二十八册。

衷心感谢您对复旦大学文献资源建设的大力支持。

复旦大学图书馆

2011年9月27日

复旦大学图书馆文科馆

复旦大学图书馆理科馆

年　月　日　　　　第　頁共　頁

陈福成先生：

您好！

请您按实际情况为我馆提供捐赠。

书单中32、43我馆已有收藏，其余书籍均可接受捐赠。

表示感谢！

邮寄地址：

上海市邯郸路220号复旦大学图书馆采编部

邮政编码：200433

赵睿杰

复旦大学图书馆采编部

2011.4.29.

尊敬的　陳福成先生：

兹收到您的赠书

西洋政治思想概述　1冊

政治學方法論46個關鍵問題　1冊

最自在的是彩霞　1冊

大浩劫後　1冊

迷情·奇謀·輪回　1冊

我們的春秋大業　2冊

衷心感谢您对复旦大學文献资源建设的大力支持。

复旦大学图书馆

年　月　日

BY AIR MAIL
PAR AVION
復旦大學
FUDAN UNIVERSITY
SHANGHAI
PEOPLE'S REPUBLIC OF CHINA
陳福成 (收)
手機：0937058905

尊敬的陈福成先生：

兹收到您的赠书

春秋记实	1册
为中华民族的生存发展进百书疏－孙大公的思想主张书函手稿	1册
日本问题的终极处理－廿一世纪中国人的天命与扶桑省建设要纲	2册
一信诗学研究－解剖一只九头诗鹄	1册

衷心感谢您对复旦大学文献资源建设的大力支持。

复旦大學
FUDAN UNIVERSITY
SHANGHAI
PEOPLE'S REPUBLIC OF CHINA

复旦大学图书馆
2013年12月19日

复旦大学图书馆文科馆

复旦大学图书馆理科馆

陈先生，您好！

您的来信收到，非常感谢您对大陆图书馆关心与支持。经过审视，您的书目中所列图书大部份都适合我校师生阅读。这些赠书，对于我馆的馆藏建设和全校师生的学术研究定将有极大的帮助。因此，我馆非常欢迎接收您的赠书。收到赠书后，我馆会给您寄回一份正式回执（荣誉证书）。我馆邮寄地址和联系业务人：

北京新街口外大街 19 号 100875

北京师范大学图书馆

电话（010）5880 8088

E-Mail: niuzl@lib.bnu.edu,cn

接收赠书负责人：牛宗林

顺致夏安！

北京师范大学图书馆

牛宗林

2013 年 6 月 20 日

北京师范大学 图书馆
北京新街口外大街19号
邮政编码：100875

敬启者：

陈福成先生　您好！

7月16日收到您寄赠来图书共3箱40册，

非常感谢你对我馆馆藏建设的支持与关注，

我们将尽快将这批图书编目入藏，以供我校

师生阅览。如有今后有新的著作，望能继续

惠赠本馆，我们将感激不尽。

祝陈先生身体健康，新著续出，万事顺利！

顺祝夏安！

北京师范大学图书馆

牛宗林

2013.7.17.

陈福成先生赠书清单

1.《中国四大兵法家新诠》　1 册

2.《中国历代战争新诠》　1 册

3.《中国政治思想新诠》　1 册

4.《“日本问题”的终极处理——二十一世纪中国人的天命与扶桑省建设要纲》　2 册

5.《找寻理想国——中国式民主政治研究纲要》　1 册

6.《幻梦花开一江山》　2 册

7.《一个军校生的台大闲情》　2 册

8.《大浩劫后——日本东京都知事石原慎太郎“天谴说”溯源探解》　2 册

9.《神剑与屠刀》　1 册

10.《台湾边陲之美——行脚诵诗・趕音歌唱》　1 册

总计：10 种 14 册。

北京师范大学图书馆

2013 年 9 月 5 日

Dear Sir / Madam,

Beijing Normal University Library acknowledges, with many thanks, the receipt of the publication(s) listed as following:

And hope to receive other publication from you in future.

Sincerely yours

Beijing Normal University Library

尊敬的 陈福成 先生／女士

承赐：

图书十种十四册

清单见附页

即当登录后编目珍藏，以供众览。谨奉寸缄，特致谢忱！敬谢之余，尚冀先生及友人续有惠赠，以实典藏。

北京师范大学图书馆

二〇一三年[illegible]月[illegible]日

北京师范大学图书馆
Beijing Normal University Library

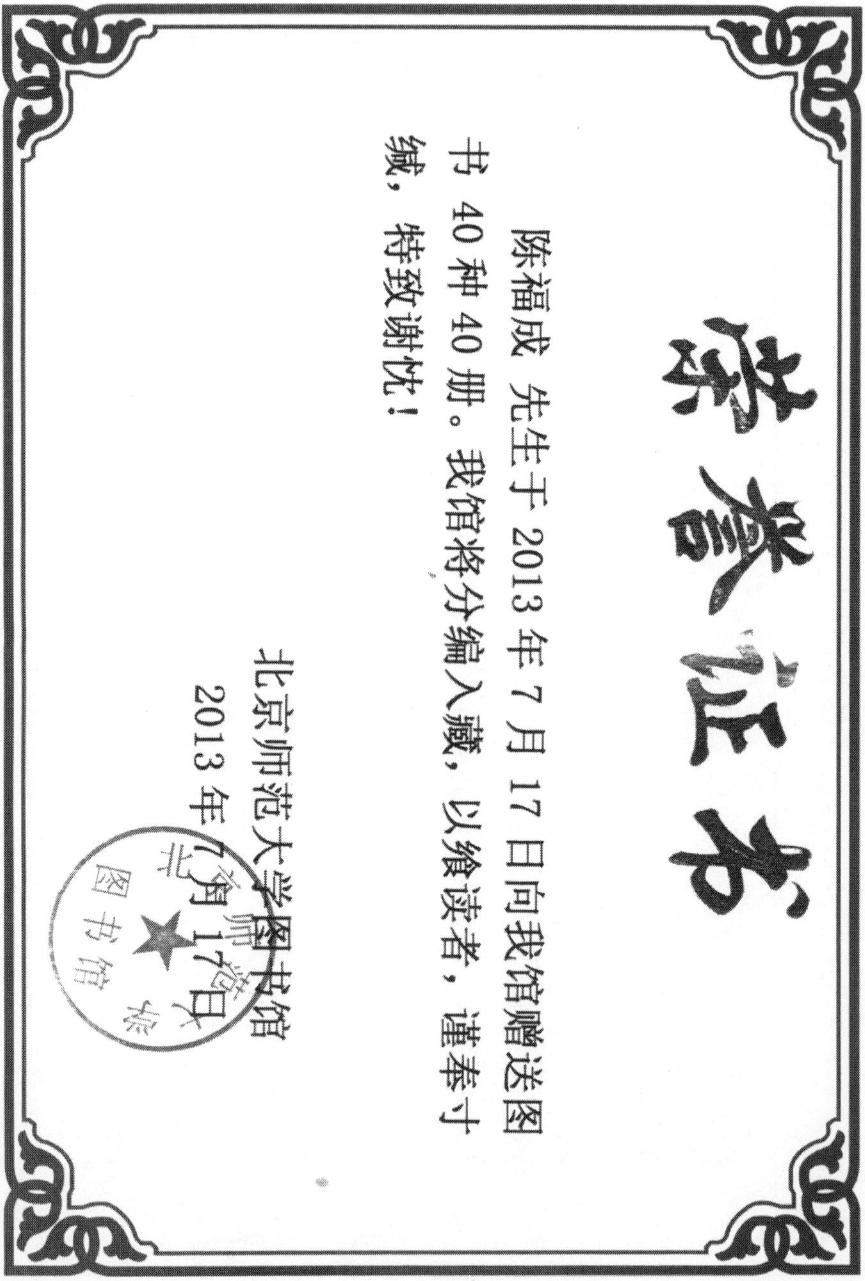

荣誉证书

陈福成 先生于 2013 年 7 月 17 日向我馆赠送图书 40 种 40 册。我馆将分编入藏，以飨读者，谨奉寸缄，特致谢忱！

北京师范大学图书馆
2013 年 7 月 17 日

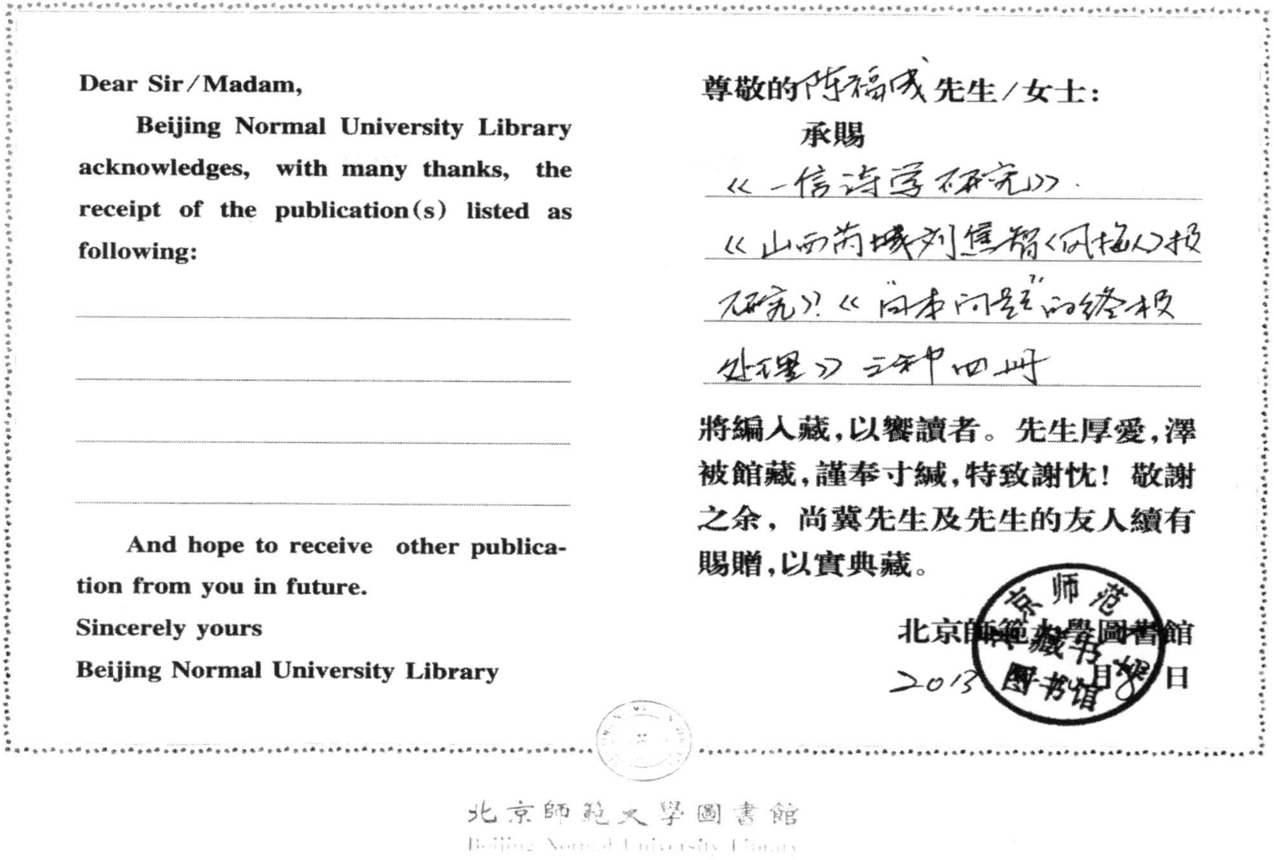

Dear Sir/Madam,

Beijing Normal University Library acknowledges, with many thanks, the receipt of the publication(s) listed as following:

And hope to receive other publication from you in future.

Sincerely yours

Beijing Normal University Library

尊敬的陈福成先生/女士：

承賜

《一信诗学研究》、

《山西芮城刘焦智〈凤梅人〉报研究》、《日本问题的终极处理》三种四册

將編入藏，以饗讀者。先生厚愛，澤被館藏，謹奉寸緘，特致謝忱！敬謝之余，尚冀先生及先生的友人續有賜贈，以實典藏。

北京師範大學圖書館

2013 年 月 8 日

北京師範大學圖書館

Beijing Normal University Library

感謝信

陳福成先生：

您贈送給我館的《中國四大兵法家新詮》等 34 種圖書（共 41 冊，價值新臺幣 11800 元，詳單附後）俱已收悉，現已為浙江師範大學圖書館收藏。立言之德，不勝感激，特此致謝。

浙江師範大學圖書館

2011 年 11 月 3 日

陳先生：

您好！

很高興收到您的捐贈函，也很爲您的赤子之心所感動，兩岸交流、和平統壹是我們中華兒女的共同心聲，我們都熱切地盼望著這壹天早日到來！

仔細看過您的作品清單，內容之廣、數量之多，令人嘆服！為使您的捐贈得到最大化利用，根據我校的學科建設和館藏結構，我館期待能有倖收藏以下 14 部作品：

《孫子實戰經驗研究：孫武怎樣親自驗證<十三篇>》
《從地獄歸來：愛倫坡（Edgar Allan Poe）小說選》
《尋找一座山：陳福成創作集》
《五十不惑：一個軍校生的半生塵影》
《歷史上的三把利刃：部落主義、種族主義、民族主義》
《春秋正義》
《頓悟學習》
《愛倫坡（恐怖推理）小說經典新選》
《南京大屠殺圖相：中國人不能忘的記憶》
《洄遊的鮭魚：重慶、成都之旅》
《山西芮城劉焦智<鳳梅人>報研究》
《古道•秋風•瘦筆》
《三月詩會研究：台灣詩社小團體》
《山西芮城三人行旅行文學》

贈書聯系人：趙瓊
地址：浙江省金華市迎賓大道 688 浙江師範大學圖書館采編部
郵編：321004
E-mail：zhaoqiong@zjnu.cn
辦公電話：+86-579-82282526

期待早日見到您的大作！也期待早日看到祖國的統壹！

遙遠的祝福！

致

禮！

浙江師範大學圖書館采編部
二〇壹壹年九月二十六日

含珠韫玉

嘉惠学林

陈福成先生

您承赐之大作《政治学方法论46个关键问题》

现已宝藏浙江师范大学图书馆，将作永久陈列。

佳赐之惠，不胜感激。

浙江师范大学图书馆

2012 年 11 月 29 日

含珠韫玉

嘉惠学林

陈福成先生

您承赐之大作《西洋政治思想史概述》现已宝藏浙江师范大学图书馆，将作永久陈列。佳赐之惠，不胜感激。

浙江师范大学图书馆
2012年11月29日

含珠韫玉

嘉惠学林

陈福成先生

　　您承赐之大作《诗艺浩瀚》现已宝藏浙江师范大学图书馆，将作永久陈列。佳赐之惠，不胜感激。

浙江师范大学图书馆
2012年11月29日

含珠韫玉

嘉惠学林

陈福成先生

您承赐之大作《我们的春秋大业—三月诗会二十年别集》现已宝藏浙江师范大学图书馆，将作永久陈列。佳赐之惠，不胜感激。

浙江师范大学图书馆

2012年11月29日

含珠韫玉

嘉惠学林

陈福成先生

　　您承赐之大作《山西蒲城剧佳贺〈风梅人〉探研究：论文化文学艺术交流》

现已宝藏浙江师范大学图书馆，将作永久陈列。

佳赐之惠，不胜感激。

浙江师范大学图书馆

2013年10月10日

含珠韫玉

嘉惠学林

陈福成先生

您承赐之大作《"日本问题"的终极处理：廿一世纪中国人的天命与扶桑省建设要纲》(2册)

现已宝藏浙江师范大学图书馆，将作永久陈列。

佳赐之惠，不胜感激。

浙江师范大学图书馆

2013年10月10日

含珠韫玉

嘉惠学林

陈福成先生

您承赐之大作《为中华民族的生存发展进百书疏：孙大公的思想主张书函手稿》现已宝藏浙江师范大学图书馆，将作永久陈列。

佳赐之惠，不胜感激。

浙江师范大学图书馆

2013年10月10日

含珠韫玉

嘉惠学林

陳福成先生

您承赐之大作《第四波战争开山鼻祖宾拉登：及战争之常变研究要纲》现已宝藏浙江师范大学图书馆，将作永久陈列。佳赐之惠，不胜感激。

浙江师范大学图书馆
2013年10月10日

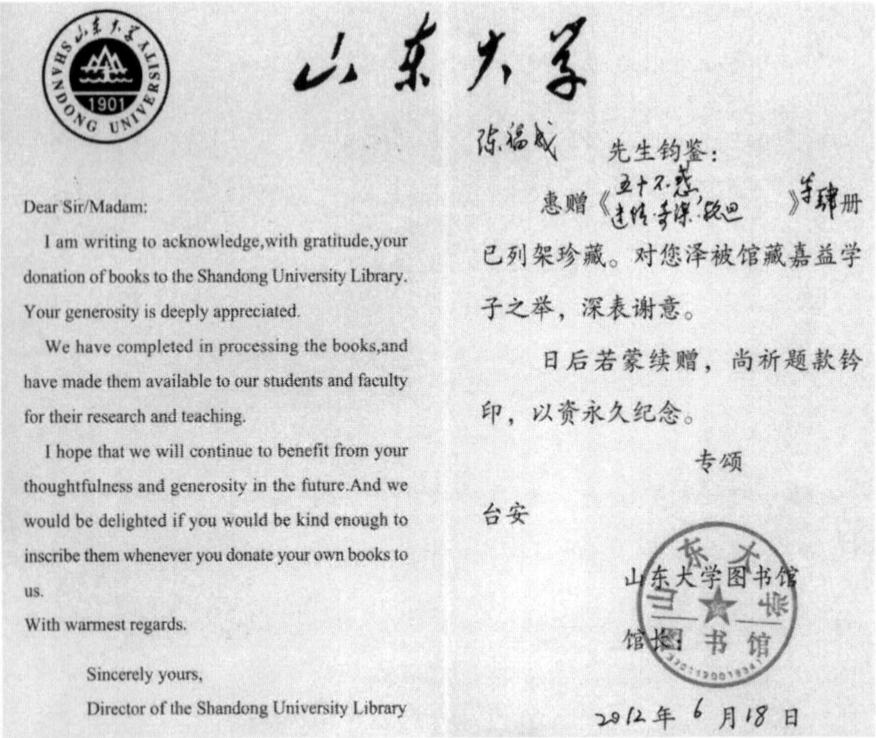

山东大学

SHANDONG UNIVERSITY 1901

Dear Sir/Madam:

I am writing to acknowledge,with gratitude,your donation of books to the Shandong University Library. Your generosity is deeply appreciated.

We have completed in processing the books,and have made them available to our students and faculty for their research and teaching.

I hope that we will continue to benefit from your thoughtfulness and generosity in the future.And we would be delighted if you would be kind enough to inscribe them whenever you donate your own books to us.

With warmest regards.

Sincerely yours,

Director of the Shandong University Library

陈福成　　先生钧鉴：

惠赠《五十不惑，走過．奇蹟．路迴》等肆册已列架珍藏。对您泽被馆藏嘉益学子之举，深表谢意。

日后若蒙续赠，尚祈题款钤印，以资永久纪念。

专颂

台安

山东大学图书馆

馆长

2012年6月18日

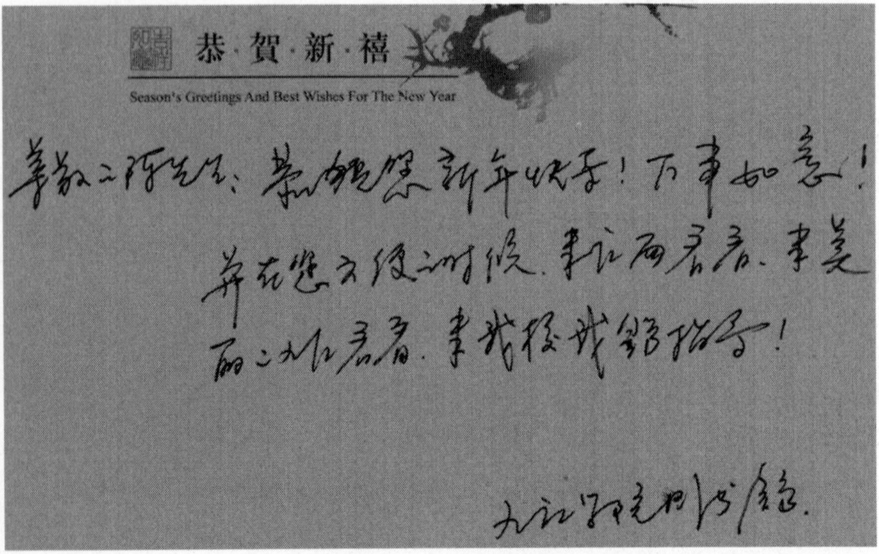
恭·賀·新·禧
Season's Greetings And Best Wishes For The New Year
恭賀您新年快樂！萬事如意！

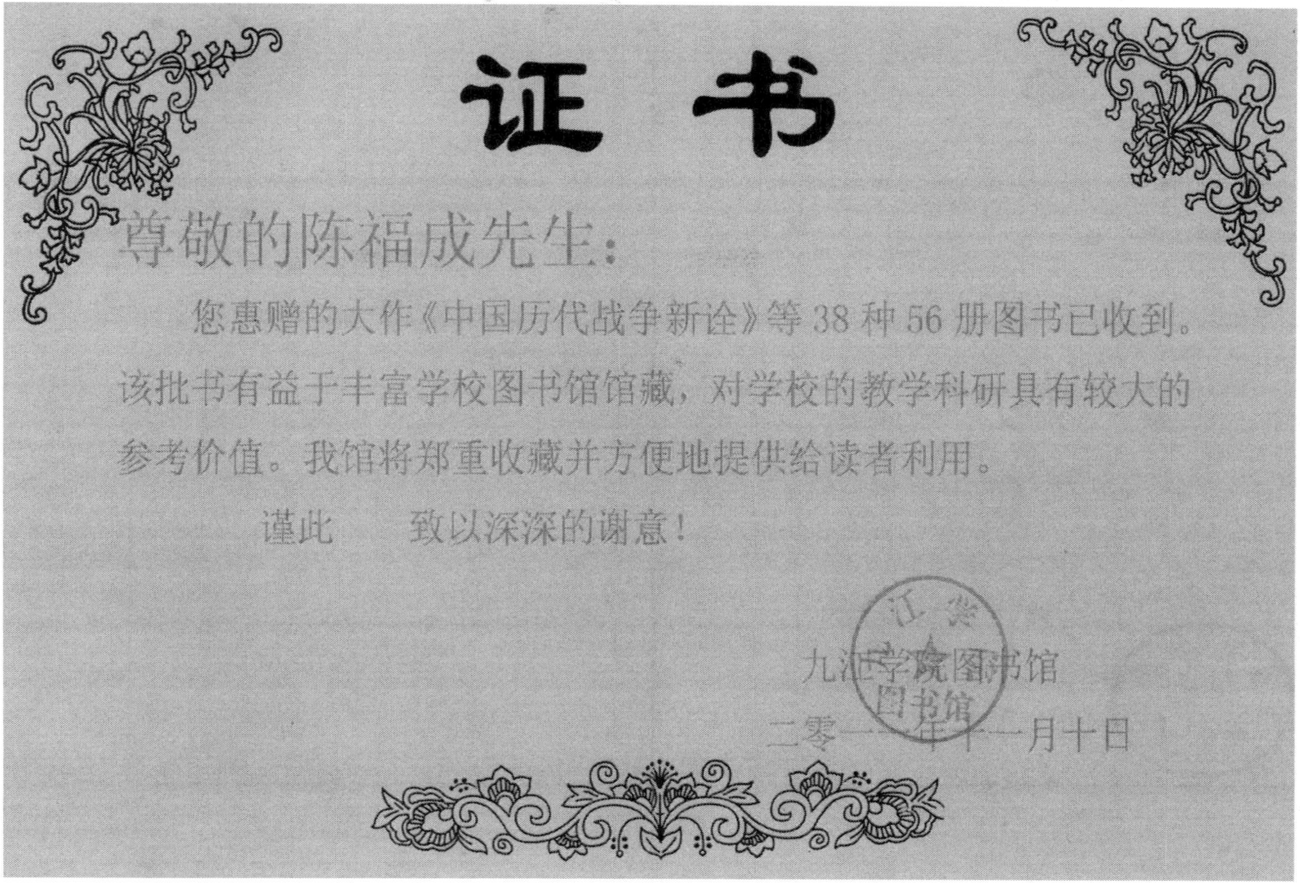

证 书

尊敬的陈福成先生：

您惠赠的大作《中国历代战争新诠》等38种56册图书已收到。该批书有益于丰富学校图书馆馆藏，对学校的教学科研具有较大的参考价值。我馆将郑重收藏并方便地提供给读者利用。

谨此　致以深深的谢意！

九江学院图书馆

二零一一年十一月十日

九江学院图书馆

尊敬的陈福成先生：

您向图书馆赠送著作的函已收到，非常钦佩您支持文教事业的高尚举动。我馆将荣幸地接受您的赠书（接受赠书书目另纸奉上），并会尽快整理上架，以供读者学习、研究之用。

感谢您对我馆工作的帮助和支持！欢迎您在方便的时间到我校交流访问。

祝

身体康健！万事顺遂！

九江学院图书馆

2011 年 10 月 13 日

吉林農業大學
JILIN AGRICULTURAL UNIVERSITY
地　址：长春市新城大街2888号　邮　编：130118　电　话：0431—84533001
传　真：0431—84531264　网　址：http://www.jlau.edu.cn

尊敬的陈老师：

　　您好！很高兴收到您的来信，我们很愿意收藏您的著作，如果您方便请把您的作品每种寄来一册。

我的地址：　　　　邮编 130118

吉林省长春市新城大街 2888号
吉林农业大学图书馆
李亚波（收）

办公电话：　0431-84533499

我代表全校师生向您表示敬意和谢意！

祝：　身体健康！一切如意！

李亚波

2013年6月27日

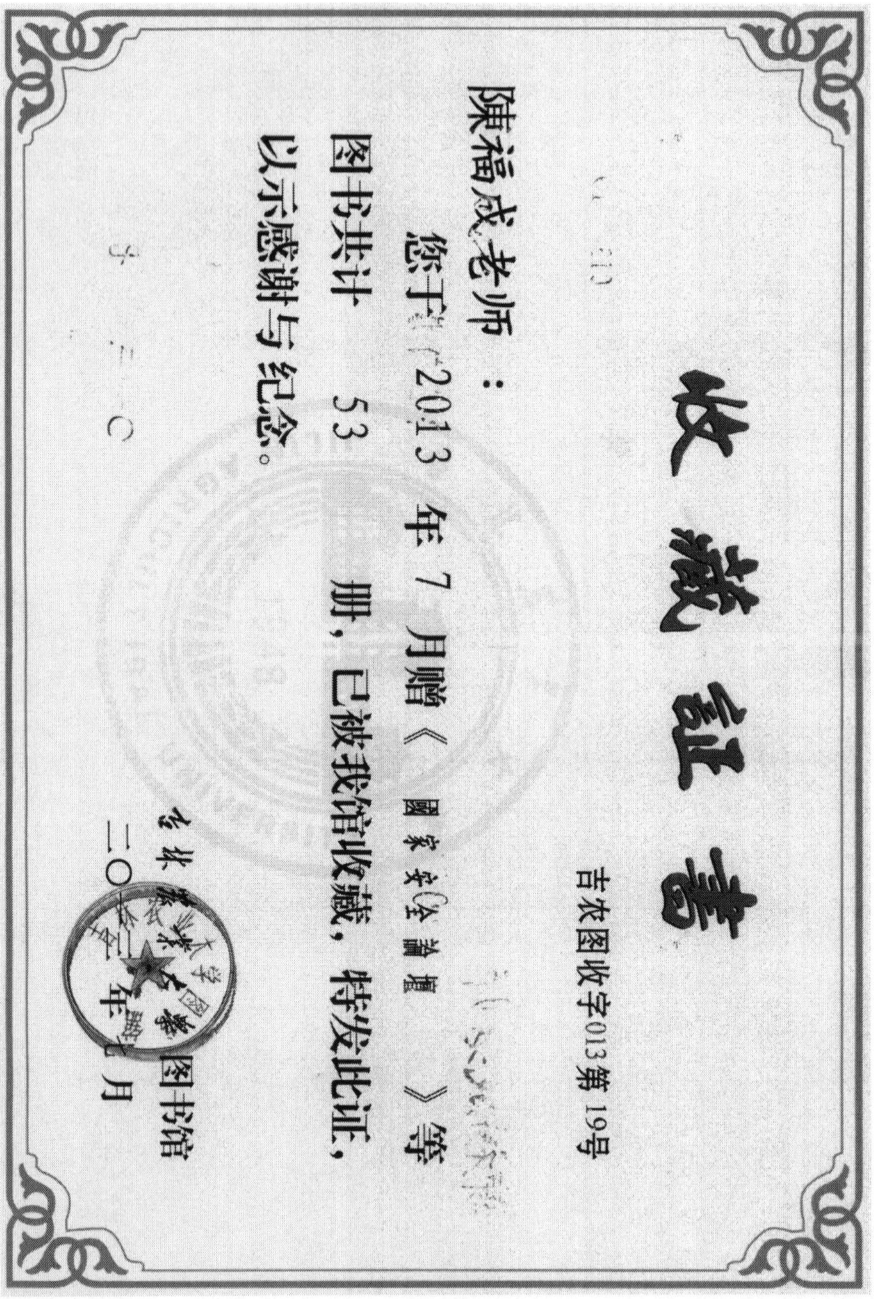

收藏証書

吉农图收字013第19号

陳福成老师：

您于2013年7月贈《國家安全論壇》等图书共计53册，已被我馆收藏，特发此证，以示感谢与纪念。

吉林农业大学图书馆

二〇一三年七月

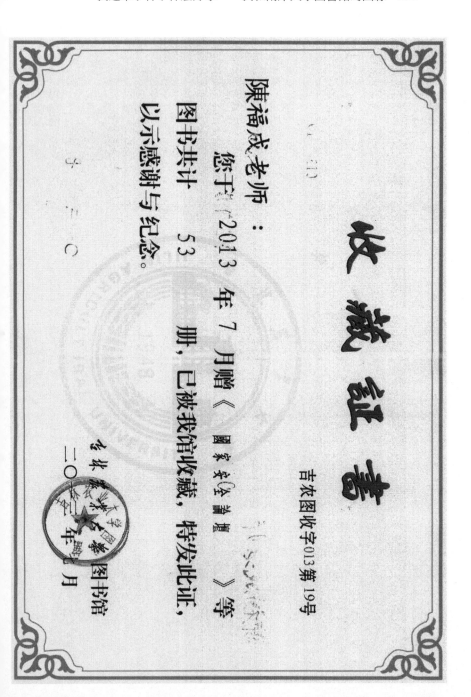

尊敬的陈福成先生：

您好！您为海大图书馆捐赠的著作《为中华民族的生存发展进百书疏》等五卌书，已收到，非常感谢！现寄上赠书收藏证一份，敬请收纳。

另外，您这次寄送的邮件收件人姓名不小心写错了一个字，去邮局取时有些不便，现已解决，请放心。欢迎您继续为海大馆赠书，感谢之至！

捐赠地址：海南省海口市人民大道58号海南大学图书馆资源建设部

邮编：570228

收件人：张敏（主任）（收）

或，李老师（收）

或，赠书负责人（收）

敬礼

顺祝祺安！

字草

2013年10月9日

年 月 日　　第 页

地址：海南省海口市海甸岛人民大道58号
电话：0898-66279251
邮政编码:570228

荣誉证书

陈福成先生/女士：

欣然收悉您赠送的著作《中国神谱：中国民间宗教信仰之理论与实务》等五册，现已置于我馆有关书库妥善保存，嘉惠读者，传承文化。同时，感谢您为我校图书馆事业发展作出的贡献。

特颁此证，以资纪念。

海南大学图书馆

二〇一三年五月七日

荣誉证书

陈福成先生/女士：

欣然收悉您赠送的著作《为中华民族的生存发展进百书疏》1册，现已置于我馆有关书库妥善保存，嘉惠读者，传承文化。同时，感谢您为我校图书馆事业发展作出的贡献。

特颁此证，以资纪念。

海南大学图书馆

二〇一三年十月九日

荣誉证书

陈福成 先生/女士：

欣然收悉您赠送的著作《中国学四部曲(1-4) 国家安全论坛》等28册，现已置于我馆有关书库妥善保存，嘉惠读者，传承文化。同时，感谢您为我校图书馆事业发展作出的贡献。

特颁此证，以资纪念。

海南大学图书馆

二〇一三年二月十四日

荣誉证书

陈福成先生/女士：

欣然收悉您赠送的著作《台湾边陲之美》等七册，现已置于我馆有关书库妥善保存，嘉惠读者，传承文化。同时，感谢您为我校图书馆事业发展作出的贡献。

特颁此证，以资纪念。

海南大学图书馆

二0一二年十一月十六日

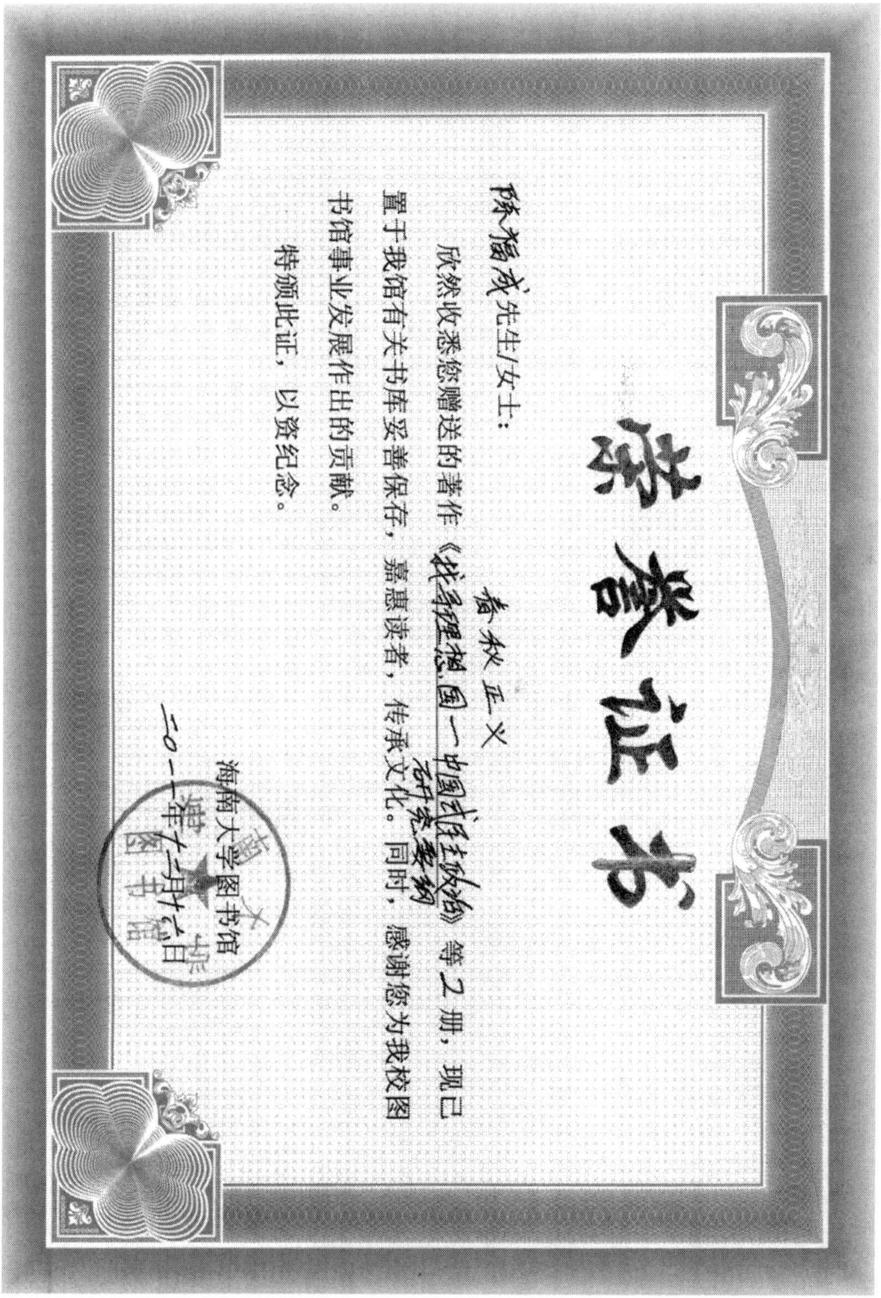
荣誉证书
陈福成先生/女士：
欣然收悉您赠送的著作《春秋正义 找寻理想国—中国式民主政治研究要纲》等2册，现已置于我馆有关书库妥善保存，嘉惠读者，传承文化。同时，感谢您为我校图书馆事业发展作出的贡献。
特颁此证，以资纪念。
海南大学图书馆
二〇一一年十二月十六日

尊敬的陳福成先生：

您好！我館已收到您捐贈的圖書《春秋正義》、《找尋理想國--中國式民主政治研究要綱》2 冊，我們將妥善安排相關收藏事宜，以供讀者閱覽。非常感謝您對海南大學圖書館事業的大力支持！

海南大學圖書館非常願意接受您的再次大力捐贈，您所附重要著編譯作品目錄中所有現存作品，我們都樂於接受。

特此致謝！

順祝祺安！

海南大學圖書館

二０一一年十二月十六日

附：捐贈聯繫方式

地址：中國海南省海口市人民大道 58 號海南大學圖書館資源建設部
郵編：570228
電話：0898-66279130
聯繫人：李景芝老師　　張敏主任
海南大學圖書館網址：http://210.37.32.30

回执

陈福成先生您好！

您经龙梅女士转赠的图书 37 种 43 册已收到，非常感谢您的捐赠！

贵州大学图书与信息中心

2013 年 5 月 2 日

尊敬的陈先生：

您好！

您寄来的信和书目清单我们已收阅，非常感谢！对先生加强两岸文化交流的心声尤其敬佩，对于能够收藏到先生的作品也是我馆的荣幸，我们将接受您的赠送，图书复本两本即可。图书馆按您提供的书目清单寄吧，收到后我们将给您寄去收藏证书！品种全 如果不方便各种寄一本也可。

顺祝先生身体康健、生活幸福！

地址：中国 青海省西宁市城西区五四西路38号，青海师范大学图书馆
景朝贵 收
电话：0971—6306203

青海师范大学图书馆
采编部
2013年6月27日

证书

[illegible]先生：

您惠赠的图书《[illegible]》等47种共56册，我馆已收藏，非常感谢您对我馆文献资源建设的支持。敬请继续得到您的关注和厚爱。

谨致

谢忱！

青海师范大学图书馆

2017年8月26日

证书

阿福敦先生：

您惠赠的图书《[illegible]》共五册，我馆已收藏，非常感谢您对我馆文献资源建设的支持。敬请继续得到您的关注和厚爱。

谨致

谢忱！

青海师范大学图书馆

2017年10月10日

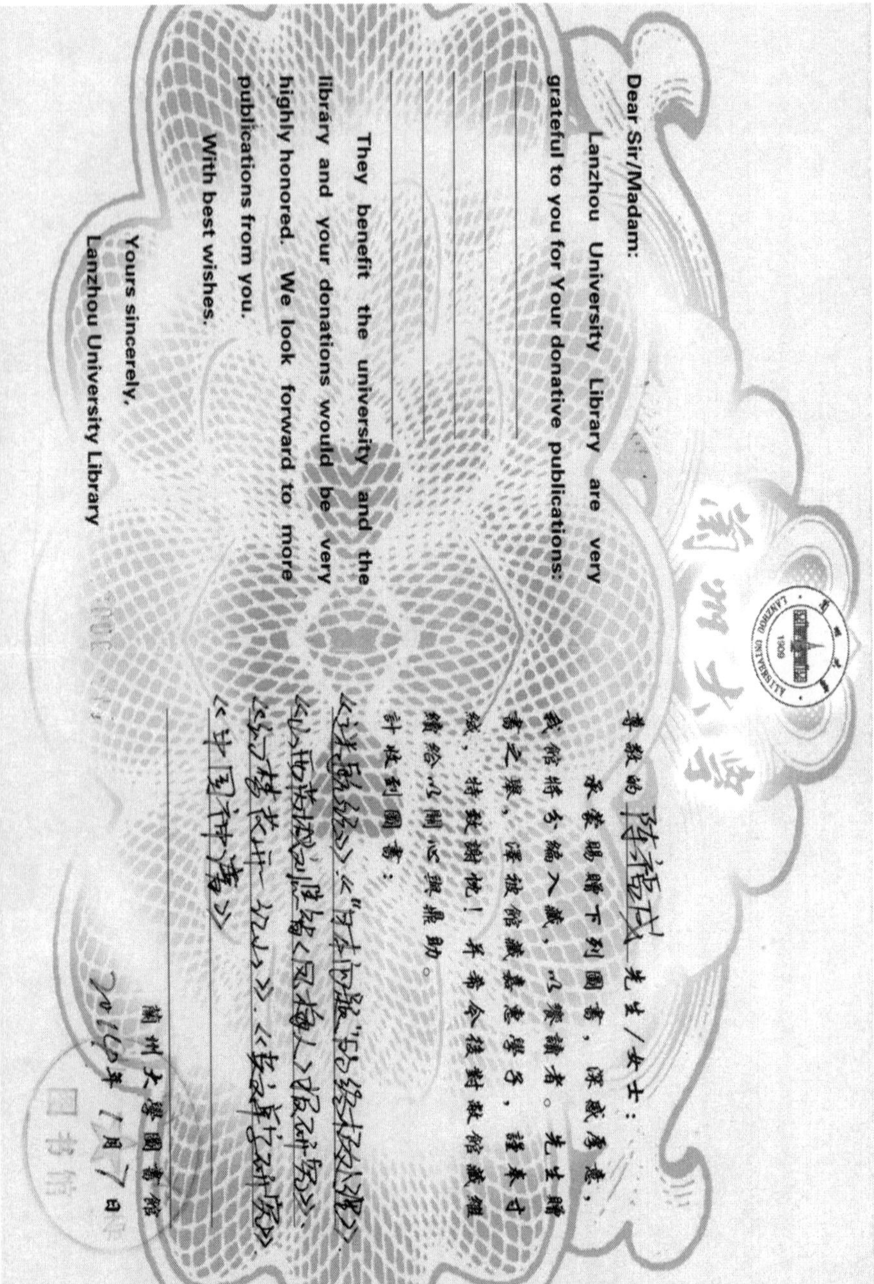

Dear Sir/Madam:

Lanzhou University Library are very grateful to you for Your donative publications:

They benefit the university and the library and your donations would be very highly honored. We look forward to more publications from you.

With best wishes.

Yours sincerely,

Lanzhou University Library

尊敬的 陳福成 先生/女士：

承蒙賜贈下列圖書，深感厚意，我館將分編入藏，以饗讀者。先生贈書之舉，澤被館藏嘉惠學子，謹奉寸緘，特致謝忱！并希今後對敝館藏繼續給以關心與鼎助。

計收到圖書：

《迷航记》、《"日本问题"的终极处理》、《山西芮城刘焦智〈凤梅人〉报研究》、《幻梦花开一江山》、《[illegible]字研究》、《中国神谱》

蘭州大學圖書館

2016年1月7日

尊敬的陈福成先生：您好！

首先我代表内蒙古大学图书馆对您的惠赠表示衷心的感谢 ！

内蒙古大学是自治区唯一一所“211”院校，也是一所综合性大学，内蒙古大学图书馆馆藏资源丰富，文献资源建设具有鲜明的民族特点和地区特色。从赠书目录上看，您的赠书会丰富我馆的馆藏，将对我校的教学科研起到一定作用，再次深表谢忱！我们希望能与先生建立长期的合作关系，互通有无，共建事业。收到赠书后，我们将给先生寄去内蒙古大学收藏证书。

谢谢！顺致安康！

内蒙古大学图书馆馆长：

赠书地址：内蒙古·呼和浩特市大学西路 235 号　内蒙古大学图书馆

联系人：　金晓

联系电话：（+86）0471-4992556

内蒙古大学图书馆

2013 年 6 月 27 日

陳福成先生：

您好！從您的來函中獲悉，您有意將自己的作品贈送給各大學圖書館，我們對您這一愛國之舉異常欽佩。我們根據學校自身的收藏特點在您所提供的書目中，共選出圖書二十種（勾選），每種一冊，如已無庫存，直接去掉即可。再一次感謝您對我校文獻資源建設工作的支援和貢獻。祝：

身體健康

萬事順意！

瀋陽師範大學圖書館

2013年11月12日

通訊方式：

地址：遼寧省瀋陽市皇姑區黃河北大街 253 號瀋陽師範大學圖書館

郵編：110034

聯繫人：胡永強

電話：（024）86592565

陈福成老先生

您好！您赠送了我馆多批图书，我们真诚地向您表示感谢。您最近赠送了我们一批书并附有一封信 ，信中说到送我们一本《谢雪红访讲录》，我们在验收加工过程中未见此书，特此告知您。您这封信的落款时间是 2013.3.14.

祝您安康！

上海大学图书馆采访部 沈美丽

电话 021-66132349

Email:tsg@staff.shu.edu.cn

2014.3.25

上海大学
SHANGHAI UNIVERSITY

上海大学图书馆
Shanghai University Library

收藏证书

陳福成先生

承蒙惠赐，所赠《性情世界》等八种书，本馆馆藏得以丰富，我馆将及时付诸展阅奉飨于读者。上海大学全体师生将因您的善举而受益良多，倍感嘉惠。

上海大学图书馆

馆长

二〇一〇年二月

上海大学图书馆
Shanghai University Library

收藏证书

陈福成先生

承蒙惠赐，所赠《台北的前世今生》等5种，本馆馆藏得以丰富，我馆将及时付诸展阅奉飨于读者。上海大学全体师生将因您的善举而受益良多，倍感嘉惠。

上海大学图书馆
馆长

2014年3月25

上海大学图书馆
Shanghai University Library

收藏证书

陈福成先生

承蒙惠赐，所赠《天帝教的中华文化意涵》等15种15册
本馆馆藏得以丰富，我馆将及时付诸展阅奉飨于读者。上海大学全体师生将因您的善举而受益良多，倍感嘉惠。

上海大学图书馆
馆长 叶志明
二〇一四年五月二十六

赠书荣誉证

尊敬的陈福成

您赠送的《春秋记实》等，共六册已收到。您的赠书丰富了安徽大学图书馆的馆藏，为读者提供了新的知识信息。特发此证，以资谢忱。

此　致

安徽大学图书馆

14年4月10日

HONORARY CERTIFICATE

Distinguished

This is to inform you that we have already received the valuable books you sent us on

The books are . vols in all. They've enriched our library's collection and we are glad to tell you that our readers find them helpful and informative. We appreciate your generosity very much.

Thanks

Sincerely,

Signature

第三篇 補 遺

重慶大學，2009 年。

與妻在海南省植物園，2008 年。

HARVARD-YENCHING LIBRARY
of the Harvard College Library

陳福成先生：

你所贈哈佛大學哈佛燕京图书馆的《中國歷代戰爭新詮》、《中國政治思想新詮》、《中國四大兵法家新詮》、《中國近代黨派發展研究》、《國家安全與戰略關係》、《五十不惑：一個軍校生的半生塵影》、《尋找一座山：陳福成創作集》與《從地獄歸來：愛倫坡小說選》已經收到，本館當妥爲保管以饗讀者。特此致謝。

即頌

文祺

哈佛燕京圖書館中文採購部

HARVARD UNIVERSITY
2 DIVINITY AVENUE
CAMBRIDGE
MASSACHUSETTS
02138

T 617.495.3327
F 617.496.6008

馬小鶴

2006年11月20日

HARVARD-YENCHING LIBRARY
HARVARD UNIVERSITY
2 DIVINITY AVENUE
CAMBRIDGE, MASSACHUSETTS 02138

尊敬的陳福成先生:

感谢您将《新領導與管理實務》、《赤縣行腳・神州心旅》、《幻夢花開一江山》、《春秋正義》、《春秋詩選》、《洄游的鮭魚》、《公主與王子的夢幻》、《頓悟學習》、《一個軍校生的台大閑情》、《性情世界：陳福成的情詩集》、《迷情・奇謀・輪迴—被詛咒的島嶼（一）》、《迷情・奇謀・輪迴—進出三界大滅絕（二）》、《迷情・奇謀・輪迴—我的中陰身經歷記（三）》赠送本馆，**本館當妥為保管以饗讀者。特此致謝。**

即頌

文祺

哈佛燕京圖書館中文採購部

馬小鶴

2010 年 3 月 11 日

臺灣臺北市萬聖街 74-1 號 2 F
陳福成先生收
Taipei City, Taiwan

尊敬的陳福成先生：

感谢您将大作《春秋記實》等 14 本書贈送本館，本館當妥為保管以饗讀者。

特此致謝。

即頌

文祺

哈佛燕京圖書館中文舘員

馬小鶴

2013 年 11 月 25 日

HARVARD-YENCHING LIBRARY
of the Harvard College Library

尊敬的陳福成先生：

感谢您将大作《中國神譜：中國民間宗教信仰之理論與實務》等十六種圖書贈送本館，本館當妥為保管以饗讀者。特此致謝。

即頌

文祺

哈佛燕京圖書館中文採購部

馬小鶴

2012 年 7 月 3 日

HARVARD UNIVERSITY
2 DIVINITY AVENUE
CAMBRIDGE
MASSACHUSETTS
02138

T 617.495.3327
F 617.496.6008

HARVARD-YENCHING LIBRARY
of the Harvard College Library

尊敬的陳福成先生：

感谢您将大作《西洋政治思想概述》、《政治學方法論46個關鍵問題》、《最自在的是彩霞—臺大退休人員聯誼會》、《大浩劫後：日本東京都知事石原慎太郎「天譴說」溯源探解》、《第四波戰爭開山鼻祖賓拉登：及戰爭之常變研究要綱》和《我們的春秋大業：三月詩會二十年別集》贈送本館，本館當妥為保管以饗讀者。特此致謝。

即頌

文祺

哈佛燕京圖書館中文採購部

馬小鶴

2012年11月9日

HARVARD UNIVERSITY
2 DIVINITY AVENUE
CAMBRIDGE
MASSACHUSETTS
02138

T 617.495.3327
F 617.496.6008

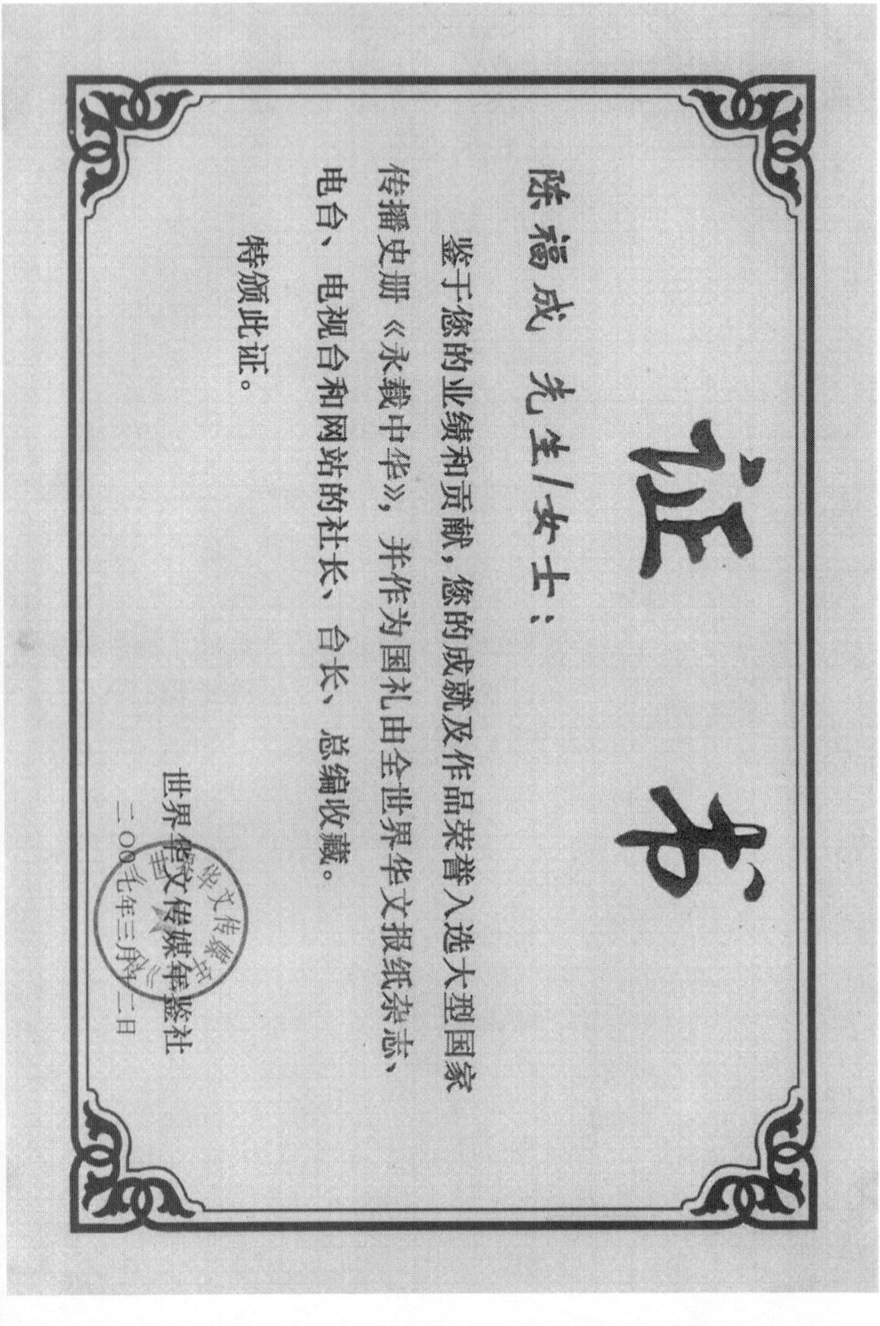

证书

陳福成 先生/女士：

鉴于您的业绩和贡献，您的成就及作品荣誉入选大型国家传播史册《永载中华》，并作为国礼由全世界华文报纸杂志、电台、电视台和网站的社长、台长、总编收藏。

特颁此证。

世界华文传媒年鉴社

二〇〇七年三月十二日

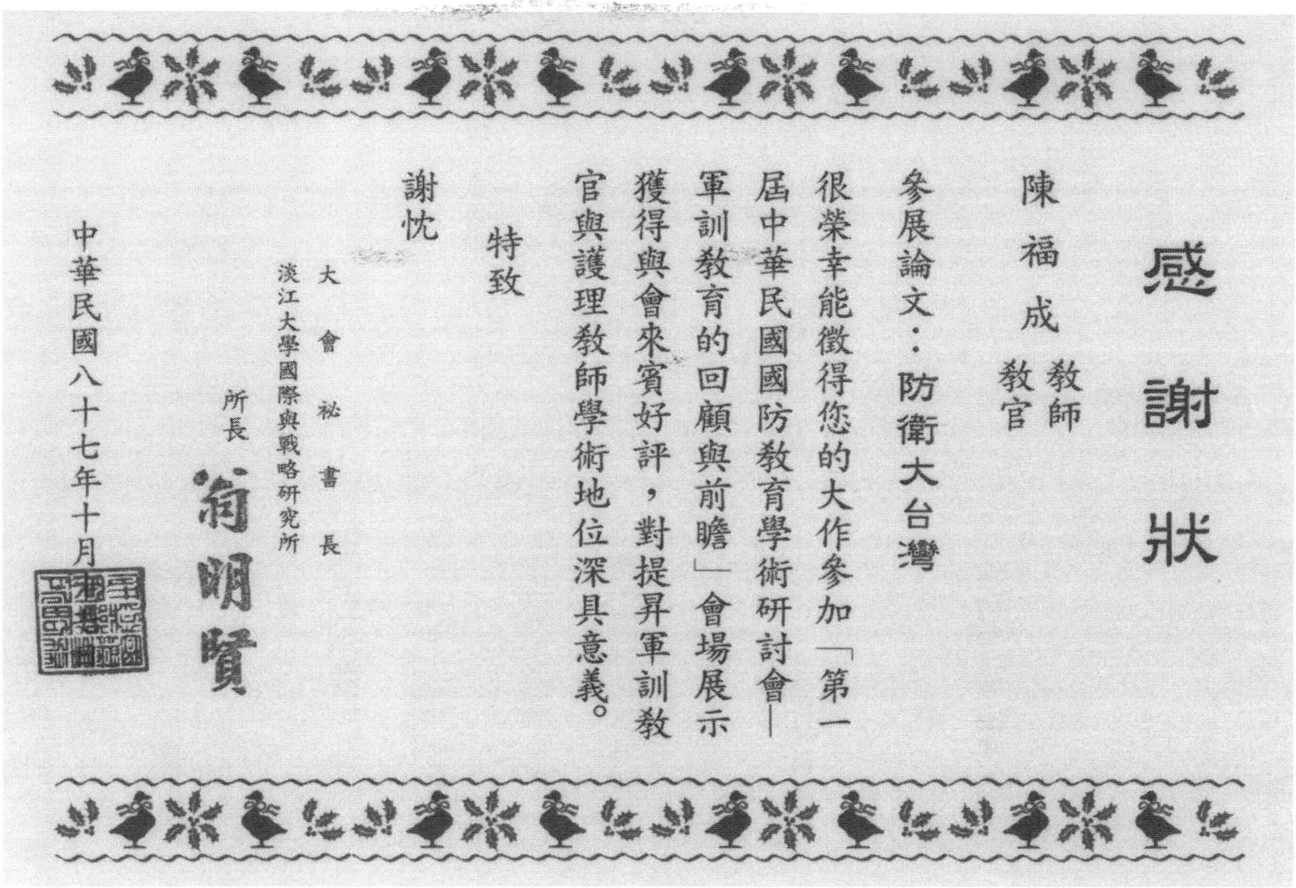

感謝狀

陳福成 教師 教官

參展論文：防衛大台灣

很榮幸能徵得您的大作參加「第一屆中華民國國防教育學術研討會—軍訓教育的回顧與前瞻」會場展示獲得與會來賓好評，對提昇軍訓教官與護理教師學術地位深具意義。

謝忱 特致

大會秘書長
淡江大學國際與戰略研究所
所長 翁明賢

中華民國八十七年十月

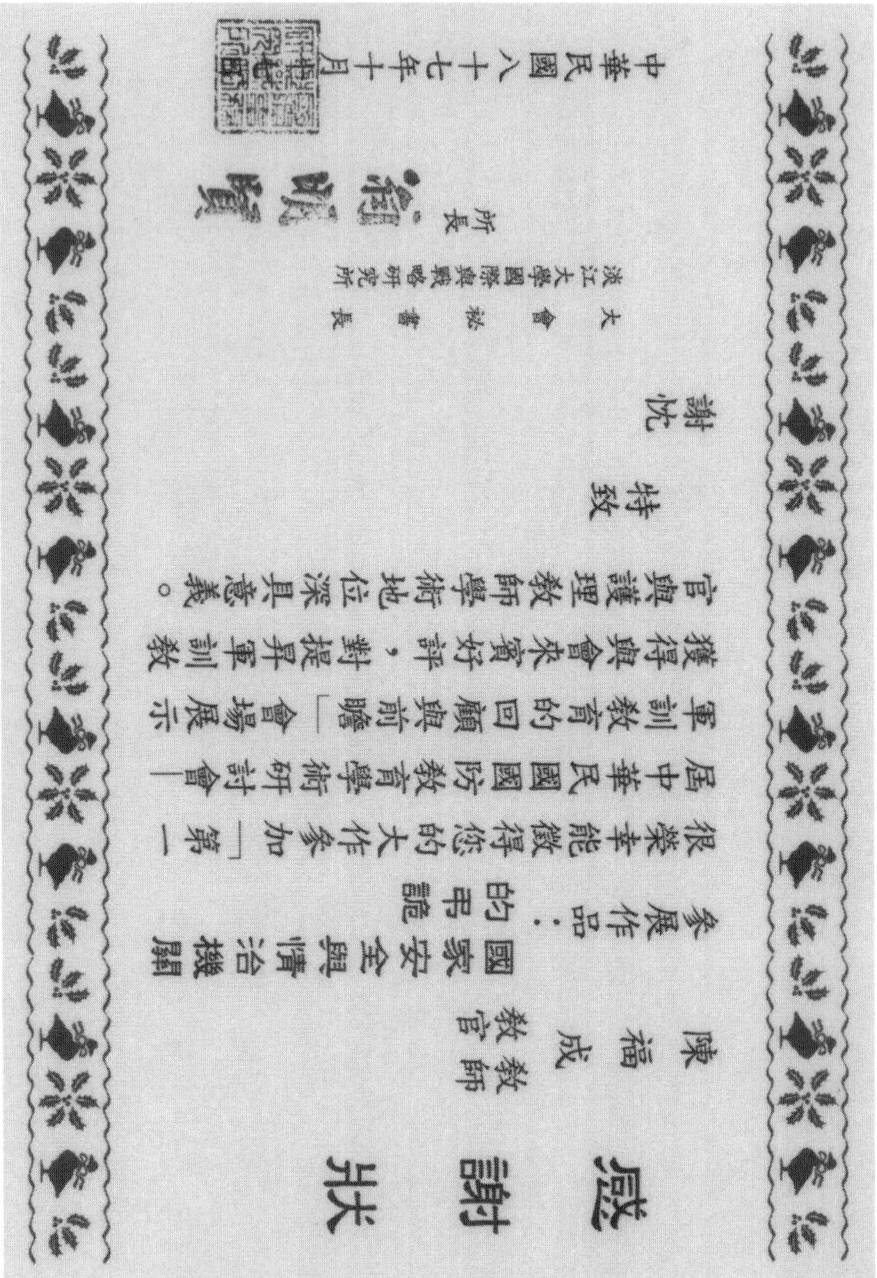

感謝狀

陳福成 教官 教師

參展作品：國家安全與情治機關的弔詭

很榮幸能徵得您的大作參加「第一屆中華民國國防教育學術研討會」軍訓教育的回顧與前瞻「會場展示獲得與會來賓好評，對提昇軍訓教官與護理教師學術地位深具意義。

特致

謝忱

淡江大學國際戰略研究所 所長

大會 秘書長

中華民國八十七年十月

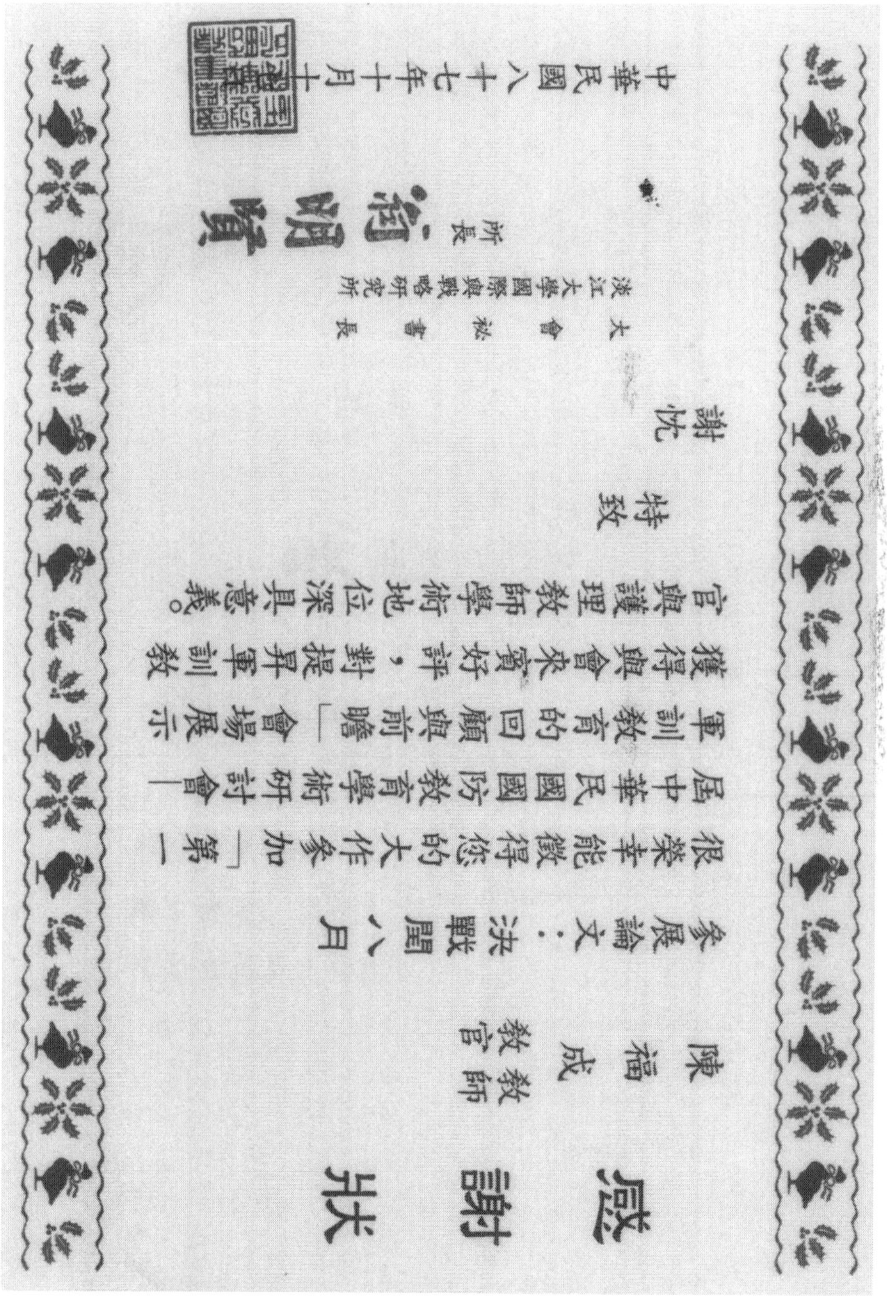

感謝狀

陳福成 教師
　　　 教官

參展論文：決戰閏八月

很榮幸能徵得您的大作參加「第一屆中華民國國防教育學術研討會—軍訓教育的回顧與前瞻」會場展示獲得與會來賓好評，對提昇軍訓教官與護理教師學術地位深具意義。

特致

謝忱

大會秘書長
淡江大學國際與戰略研究所
所長 翁明賢

中華民國八十七年十月十

謝　　函

陳福成老師　大鑑：

承蒙　惠贈圖書，隆情厚誼，本館將編目善為珍藏、廣為流通供眾閱覽，嘉惠後學。謹以此函略表謝忱。

耑此　順頌

時祺

國立空中大學圖書館　謹啟

民國九十九年四月八日

計收：中國歷代戰爭新詮等圖書 196 冊

獎章號碼

(85)易日字第3499號

陸軍獎章執照

教育部軍訓處
陸軍中校陳福成因工作勤奮
積滿三大功著有成績令依陸軍
獎章頒授辦法規定給與
弼亮甲種獎章一座合發
執照以資證明

國防部部長 蔣仲苓
參謀總長
陸軍一級上將 羅本立

中華民國八十五年一月 日

(77)
岡有字第 18975 號

陸軍獎章執照

陸軍中校 陳福成 因工作勤奮
積滿三大功著有成績令依陸軍
獎章頒授辦法規定給與
景風甲種獎章一座合發
執照以資證明

國防部部長 鄭為元
參謀總長 陸軍一級上將 郝柏村
總司令 陸軍二級上將 黃幸強

中華民國七十七年十月十四日

獎章號碼 一三四四六

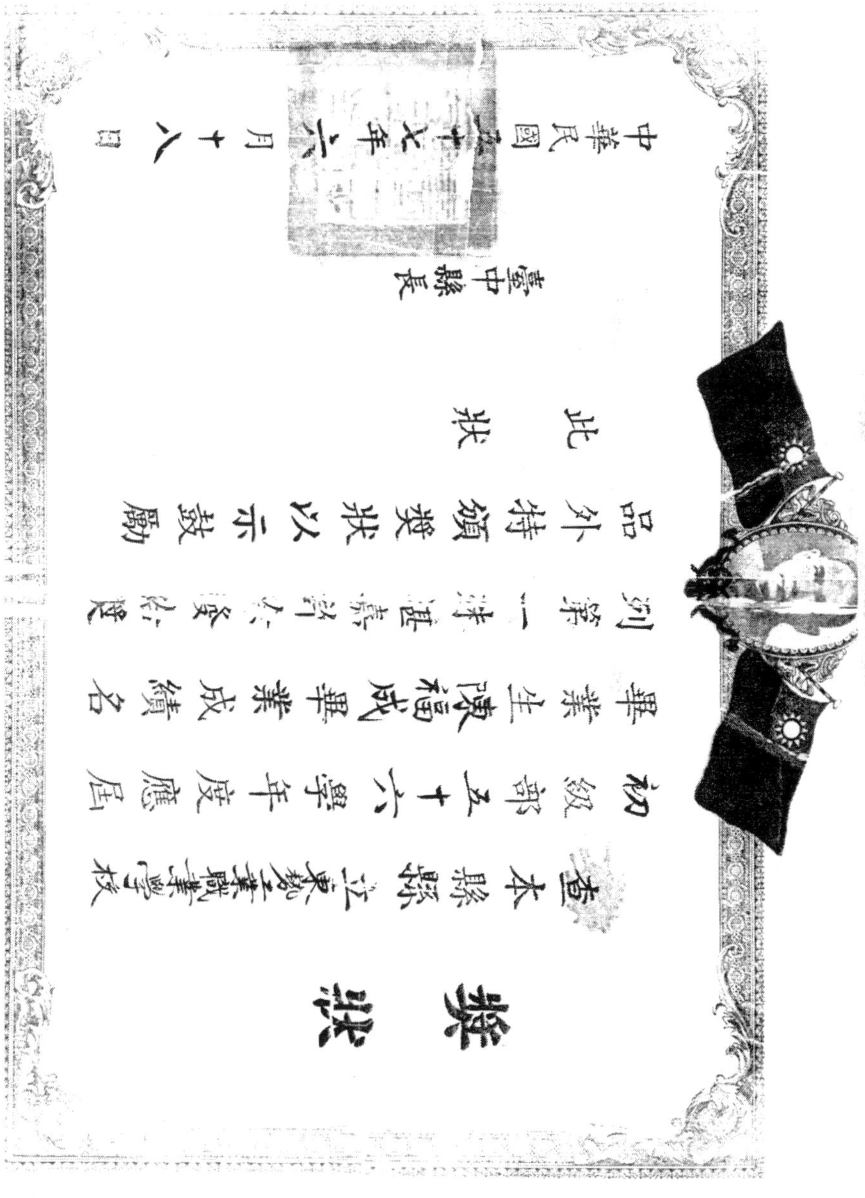
獎狀
查本縣縣立東勢高級農業職業學校
初級部五十六學年度應屆
畢業生陳福成畢業成績名
列第一殊堪嘉許除發給獎
品外特頒獎狀以示鼓勵
此狀
臺中縣長
中華民國五十七年六月十八日

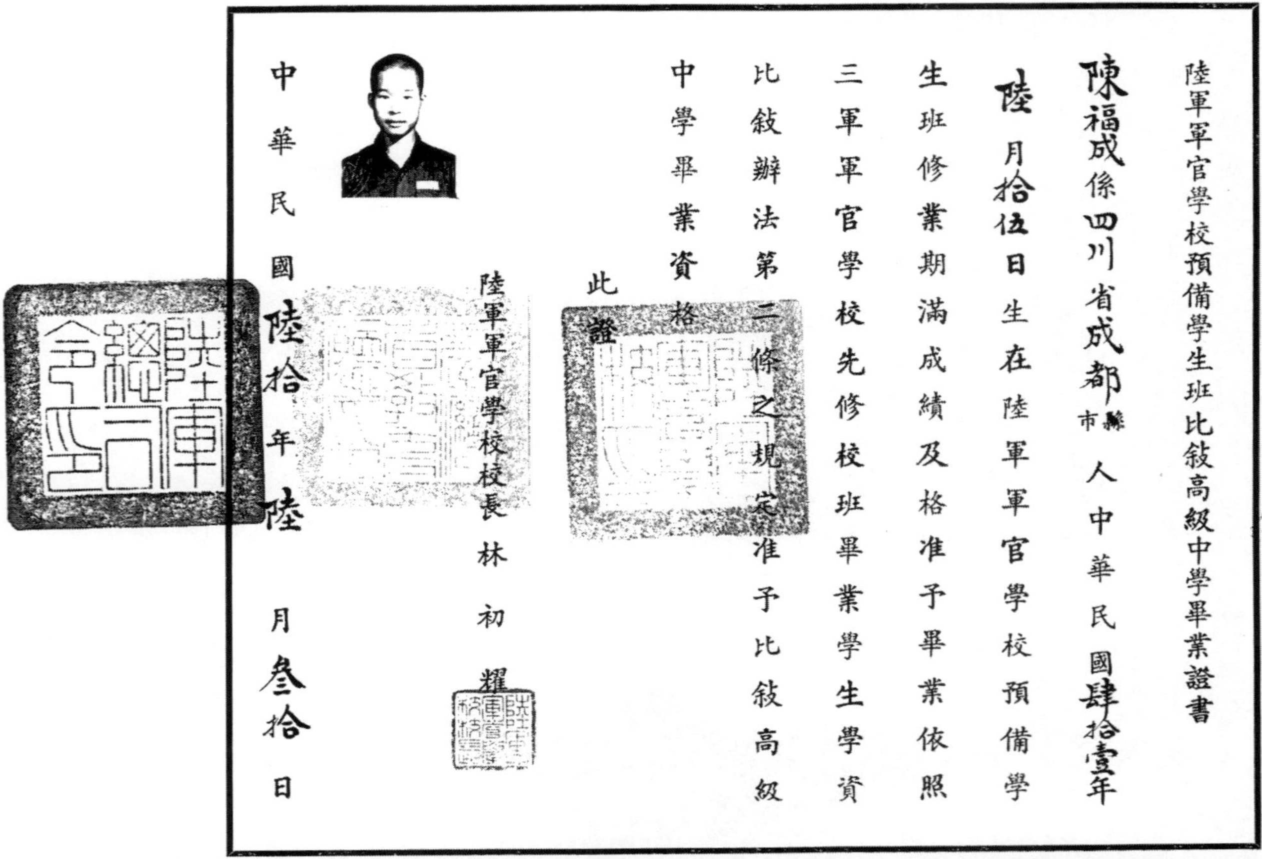

陸軍軍官學校預備學生班比敍高級中學畢業證書

陳福成係四川省成都縣市人中華民國肆拾壹年陸月拾伍日生在陸軍軍官學校預備學生班修業期滿成績及格准予畢業依照三軍軍官學校先修校班畢業學生學資比敍辦法第二條之規定准予比敍高級中學畢業資格

此證

陸軍軍官學校校長林初耀

中華民國陸拾年陸月叁拾日

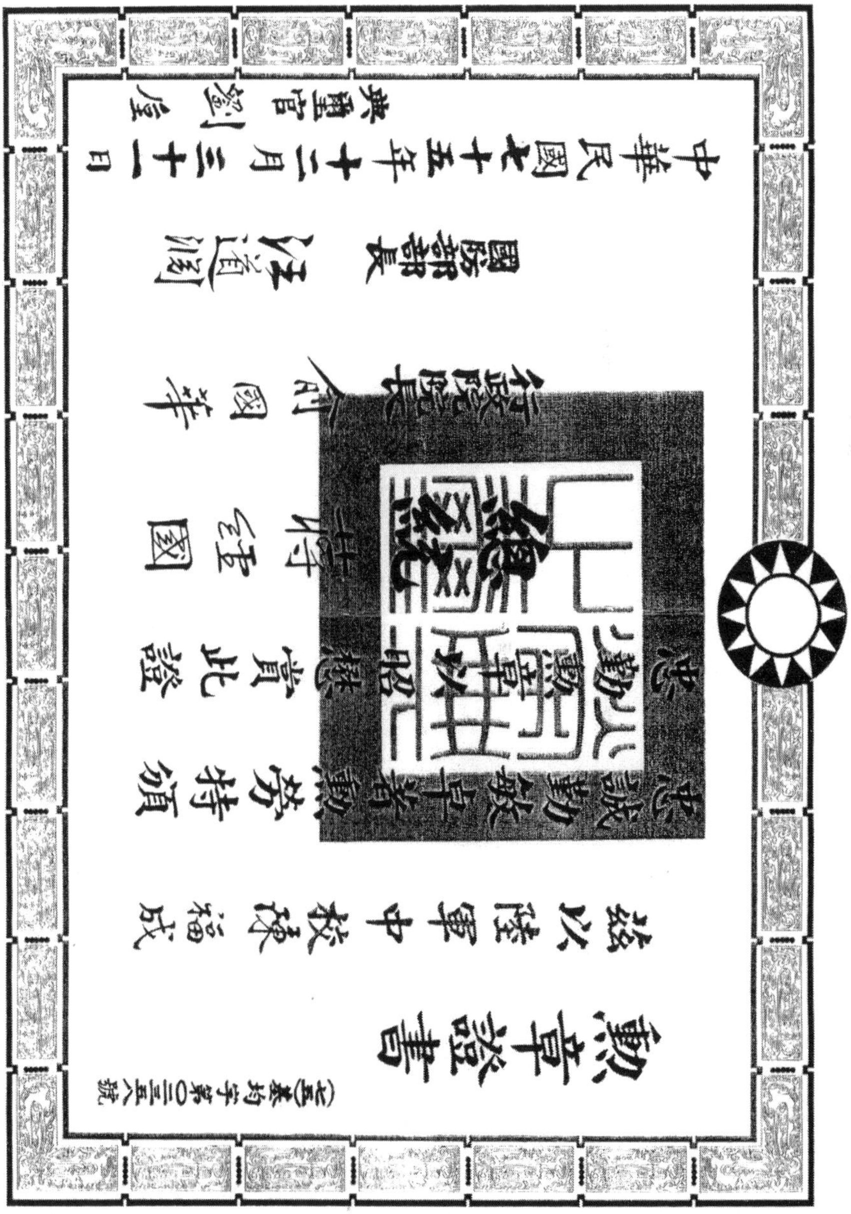

(七五)基均字第〇二三五八號

勳章證書

茲以陸軍中校陳福成
忠誠勤敏卓著勳勞特頒
忠勤勳章以昭懋賞此證

總統 蔣經國
行政院長 俞國華
國防部部長 汪道淵
典璽官 劉垕

中華民國七十五年十二月三十一日

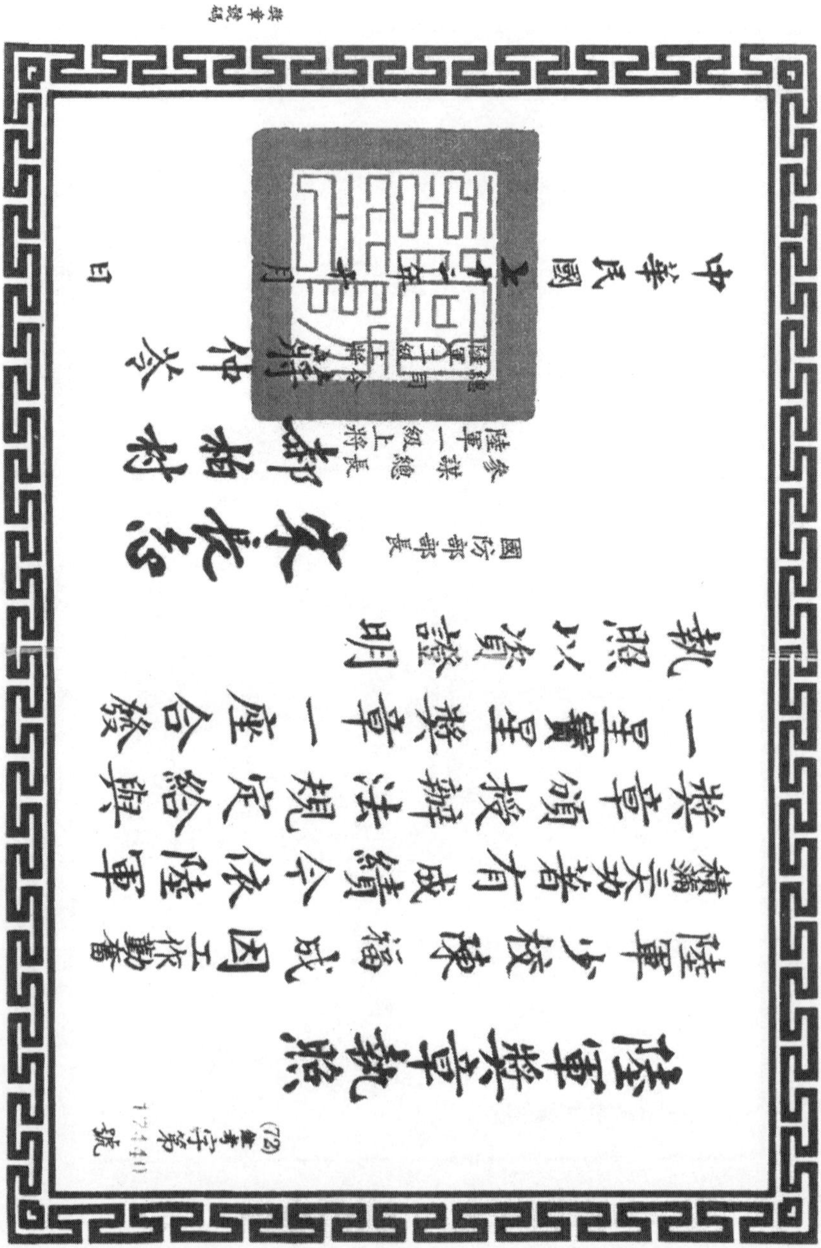

獎章號碼

(72) 鑑考字第 17440 號

陸軍獎章執照

陸軍少校陳　福　成因工作勤奮積滿三大功著有成績令依陸軍獎章頒授辦法規定給與一星寶星獎章一座合發執照以資證明

國防部部長 宋長志

參謀總長 陸軍一級上將 郝柏村

總司令 陸軍一級上將 蔣仲苓

中華民國七十二年十一月　日

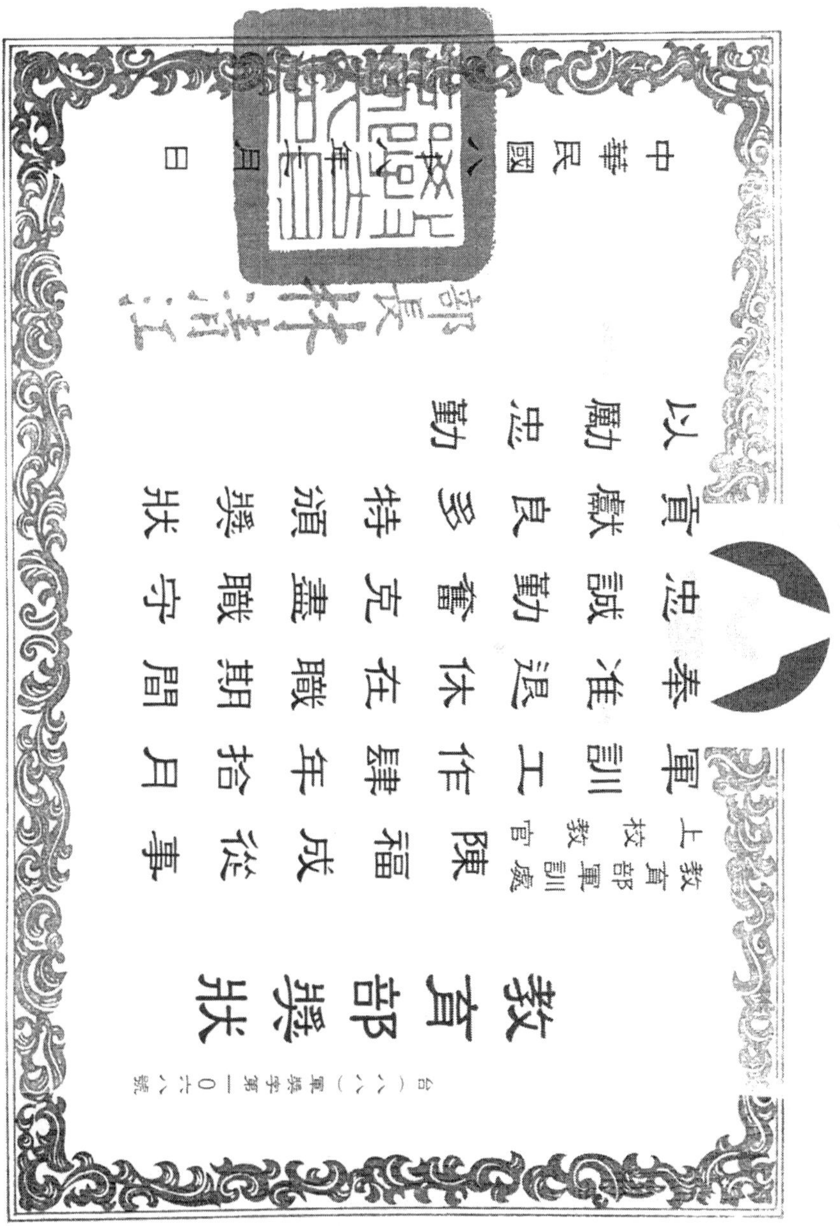

台（八八）軍獎字第一〇六八號

教育部獎狀

教育部軍訓處
上校教官 陳福成從事

軍訓工作肆年拾月
奉准退休在職期間
忠誠勤奮克盡職守
貢獻良多特頒獎狀
以勵忠勤

部長 林清江

中華民國八十八年七月 日

(88)易日字第04546號

陸軍獎章執照

教育部軍訓處
陸軍上校陳福成因服務軍職期間堅守工作崗位任勞任怨貢獻卓著著有功績令依陸軍獎章頒授辦法規定給與陸光甲種獎章一座合發執照以資證明

國防部部長 唐飛

參謀總長陸軍一級上將 湯曜明

中華民國八十八年十一月 日

獎章號碼

勳章證書

(87)易日字第22593號

茲以陸軍上校陳福成

忠誠勤敏卓著勳勞特頒壹

星忠勤勳章以昭懋賞此證

總統 李登輝

行政院院長 蕭萬長

國防部部長 蔣仲苓

中華民國八十七年十二月八日

勳章號碼

監印 徐慶良

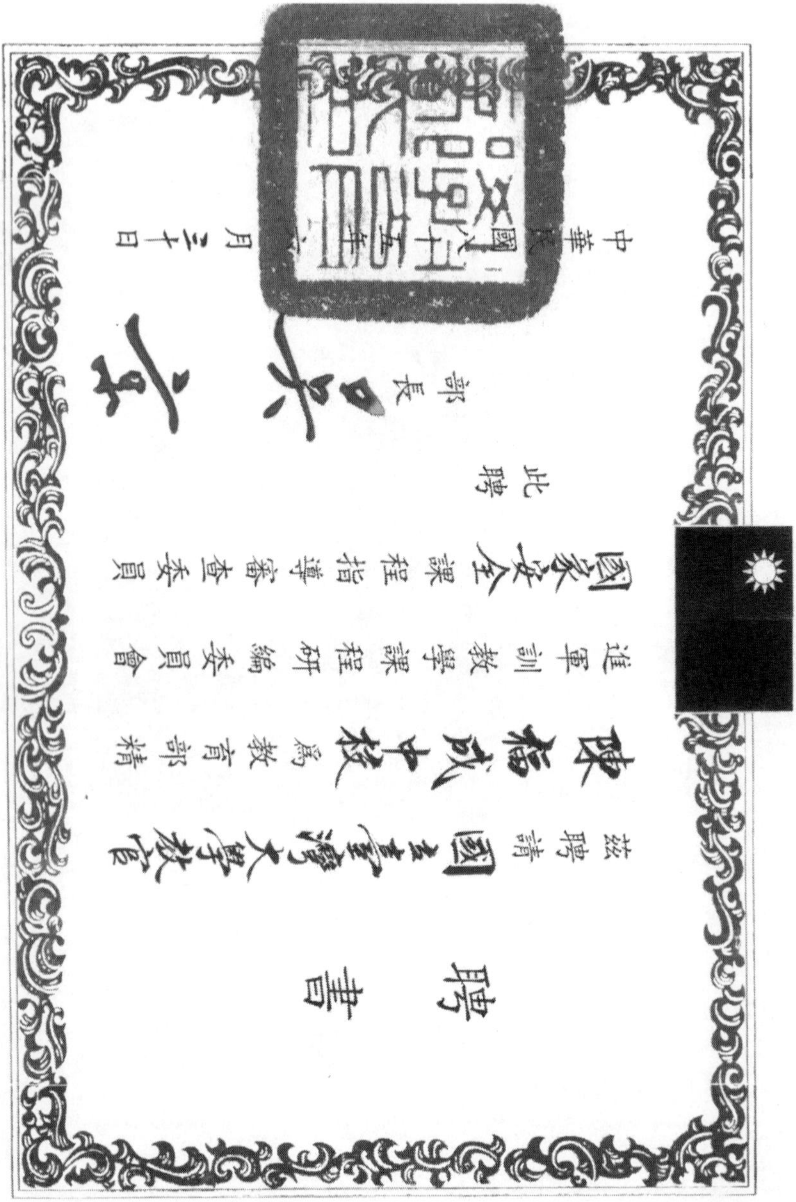

聘書

茲聘請 國立臺灣大學教官 陳福成中校 為教育部精進軍訓教學課程研編委員會 國家安全課程指導審查委員

此聘

部長 吳京

中華民國八十五年六月三十日

銓敘部獎狀

姓名：銓敘部
作品名：關於台灣縣市優勢之我見
作品：佳作
年度等第：八十六年

銓敘部長　吳容明

右經全國公務人員作品優良獎狀作品等審查閱讀
會評定得為全國公務人員作品優良獎狀作品以資鼓勵資審查閱讀委員謹贈。

中華民國　　年　　月　　日

中國國民黨中央委員會文化工作會獎狀

七六文四字第0103號

陳福成同志參加七十五年度三民主義論文競賽經評定為研究所組佳作特頒贈獎狀以資鼓勵

主任　戴瑞明

中華民國 [illegible] 年六月八日

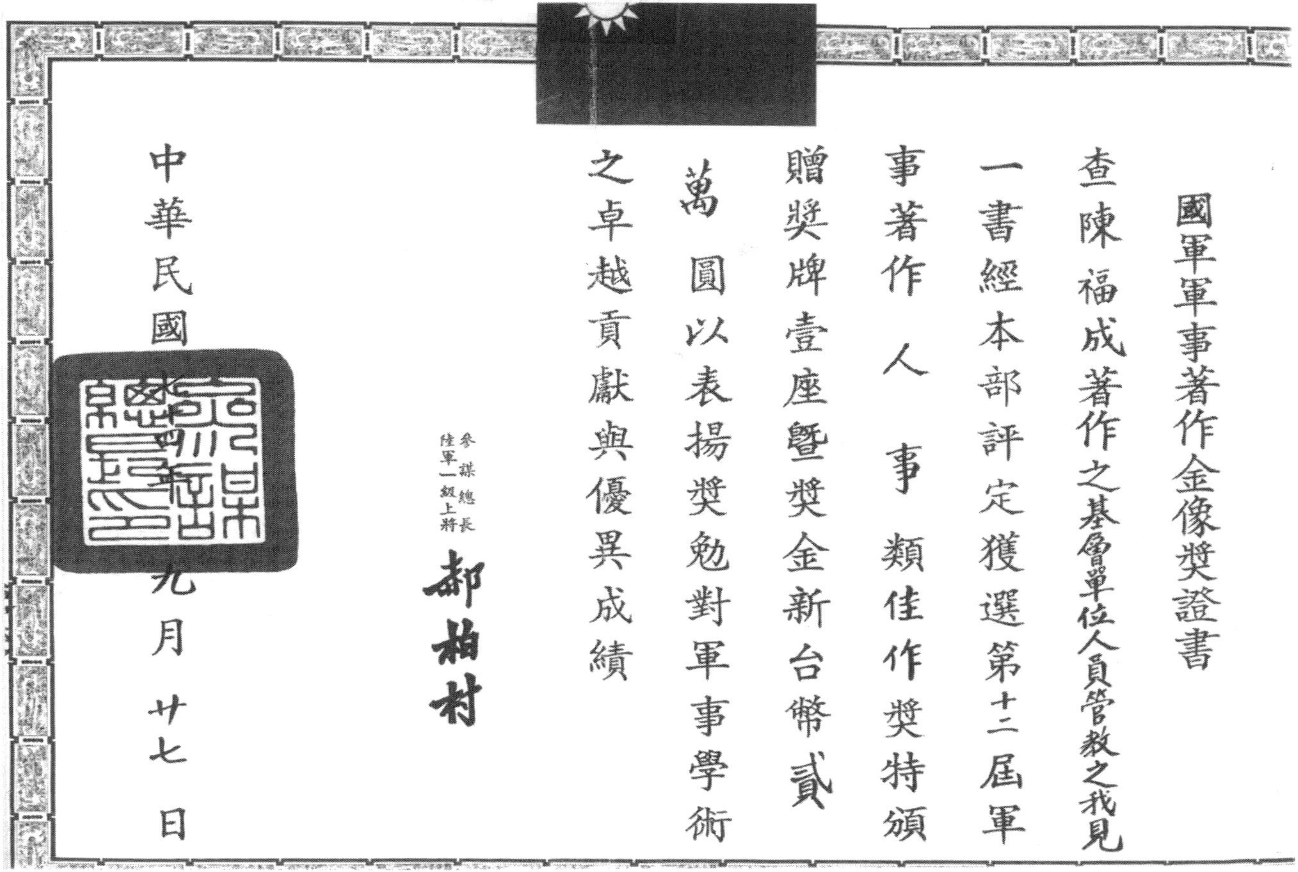

國軍軍事著作金像獎證書

查陳福成著作之基層單位人員管教之我見
一書經本部評定獲選第十二屆軍
事著作人 事類佳作獎特頒
贈獎牌壹座暨獎金新台幣貳
萬圓以表揚獎勉對軍事學術
之卓越貢獻與優異成績

參謀總長
陸軍一級上將 郝柏村

中華民國 九月廿七日

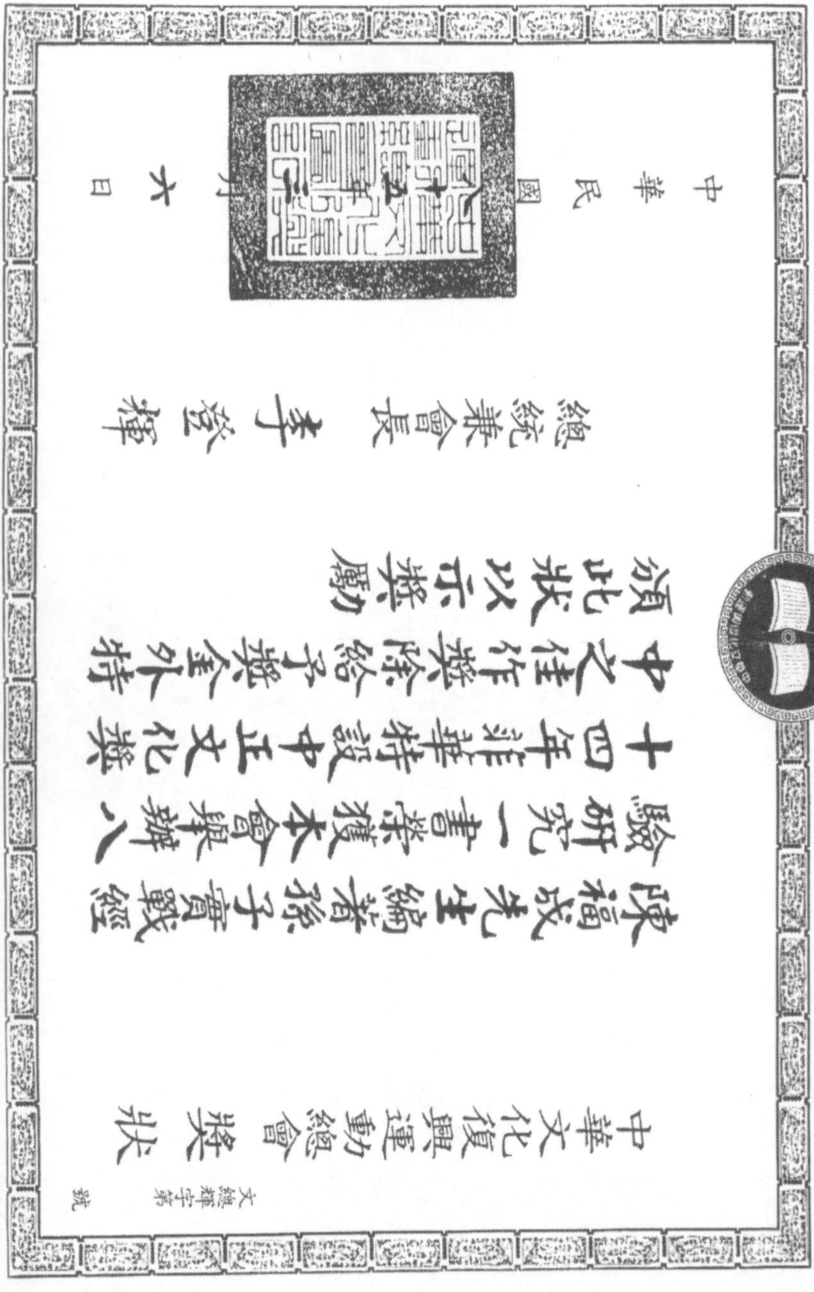
文總字第　號
中華文化復興運動總會
獎狀
陳福成先生編著孫子實戰經驗研究一書榮獲本會舉辦八十四年推薦中正文化獎中之佳作獎除給予獎金外特頒此狀以示獎勵
總統兼會長
李登輝
中華民國八十五年六月　日

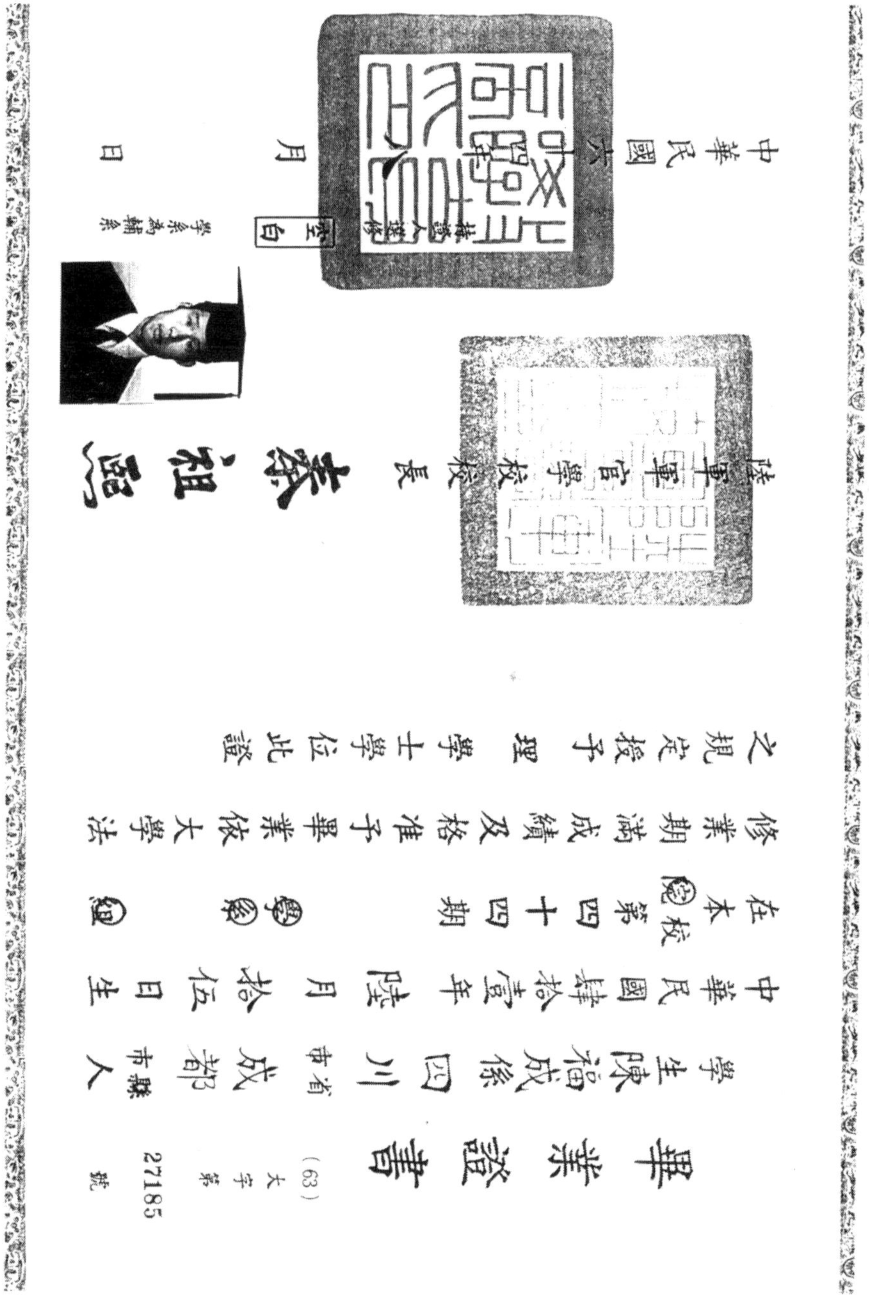

畢業證書

（63）大字第 27185 號

學生陳福成係四川省成都市縣人

中華民國肆拾壹年陸月拾伍日生

在本院校第四十四期 學系 組

修業期滿成績及格准予畢業依大學法

之規定授予 理 學士學位此證

陸軍軍官學校校長

秦祖熙

學系為輔系

空白

中華民國六十四年 月 日

台灣向前行
台灣一定贏

聘書

謹聘 **陳福成** 先生/女士

擔任 馬英九 蕭萬長 競選中華民國第十二任 總統 副總統

全國中小企業挺馬蕭喜福後援會 會長

讓我們：

智勇雙全、齊心一志、躍馬向前；
以民為念、致力道義、重現藍天！

此聘

總統候選人 馬英九

副總統候選人 蕭萬長

中華民國九十七年元月卅 日

佛光 BLIA

研 習 證 書

（102）佛光會證字第 00759 號

陳福成

2013 年 8 月 13－16 日，全程參加本會舉辦

「全國教師佛學夏令營~人間佛教法要」

共計 22 小時，特此證明

總會長 趙麗雲

國際佛光會中華總會會長

西 元 2013 年 08 月 16 日

佛光紀元 47

佛光 BLIA

結業證書

(99)佛光勝證字第 410320 號

陳福成

於 2010 年 8 月 17 日至 8 月 20 日全程參加本會舉辦「2010 年全國教師佛學夏令營」，共計 25 小時。

特此證明

國際佛光會中華總會

總會長 陳[illegible]勝

西　　元 2010 年 08 月 20 日
佛光紀元

感謝狀

(98)青溪字第〇〇五號

陳福成 先生/女士 對推展本會整體或單項會務、業務、活動、資源之執行或贊助，奉獻良多，共同達成本會宗旨，提昇團體榮譽，不任感激。特頒本狀，以示謝忱。

台北市青溪新文藝學會

理事長 林靜助

中華民國九十八年元月四日

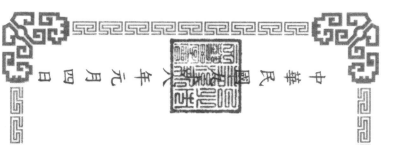

國軍聘字第 008 號

國立臺灣大學聘書

敬聘

陳福成　先生為本大學軍訓室軍訓主任教官

附註：本聘書有效期間自民國八十六年八月一日起至八十七年七月三十一日止

陳維昭

中華民國八十

結業證書

(100)佛光勝證字
第 411652 號

陳 福 成

於 2011 年 8 月 17 日~20 日，全程參加本會舉辦「2011 年全國教師佛學夏令營-佛教的修行次第『出離心』」，共計 25 小時。

特此證明

國際佛光會中華總會

總會長 勝

西 元 2011 年 8 月 20 日
佛光紀元 46

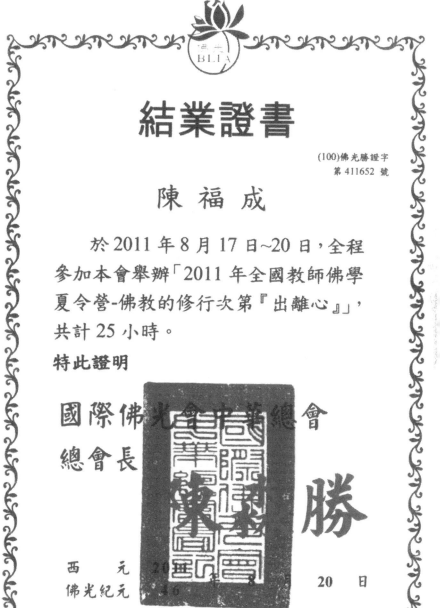

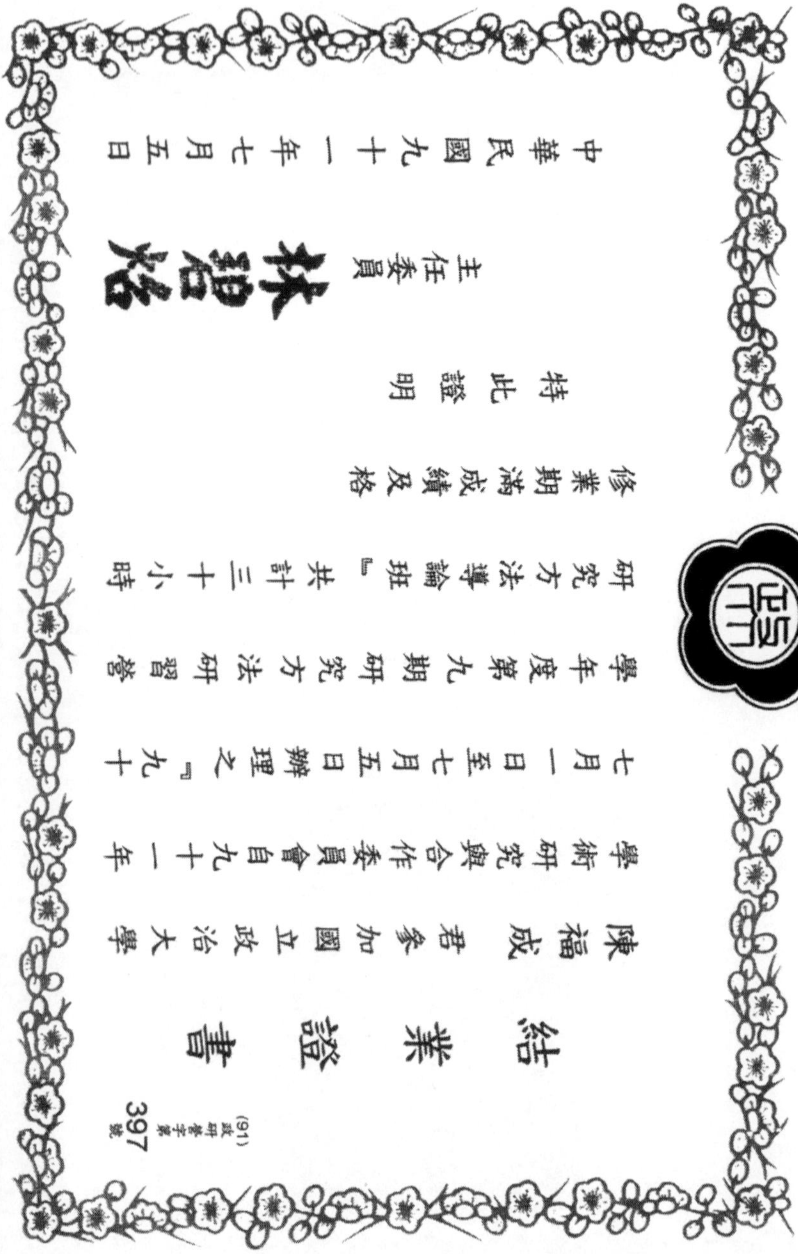

(91)政研會字第397號

結業證書

陳福成君參加國立政治大學學術研究與合作委員會自九十一年七月一日至七月五日辦理之『九十學年度第九期研究方法研習營研究方法導論班』共計三十小時修業期滿成績及格

特此證明

主任委員 林碧炤

中華民國九十一年七月五日

福成先生道鑒：

薰風作拂，化日方長，敬維
文祉增綏，為學發軔為頌，渥蒙
賜贈「我所知道的孫大公」著作乙書，隆情盛意，感
篆良殷！
賢棣才華藝世，文采繽紛，長年以來潛心著作，作品
廣涉軍事、領導管理、小說、翻譯及現代詩等六十餘
冊，誠謂「軍人作家」，當之無愧！本書詳述
大公老師允文允武，無私無我之一生行誼，身在海外，
仍心繫國是，強烈國家民族情操，堪為革命軍人忠貞
典範。所贈鉅作，當珍藏拜讀，特虔函馳謝！
適值國防事務變革之際，敬祈
時賜箴言，俾資借重，不勝企禱！耑此　順頌
近安

高華柱　敬啟

一〇〇年五月六日

華柱用牋

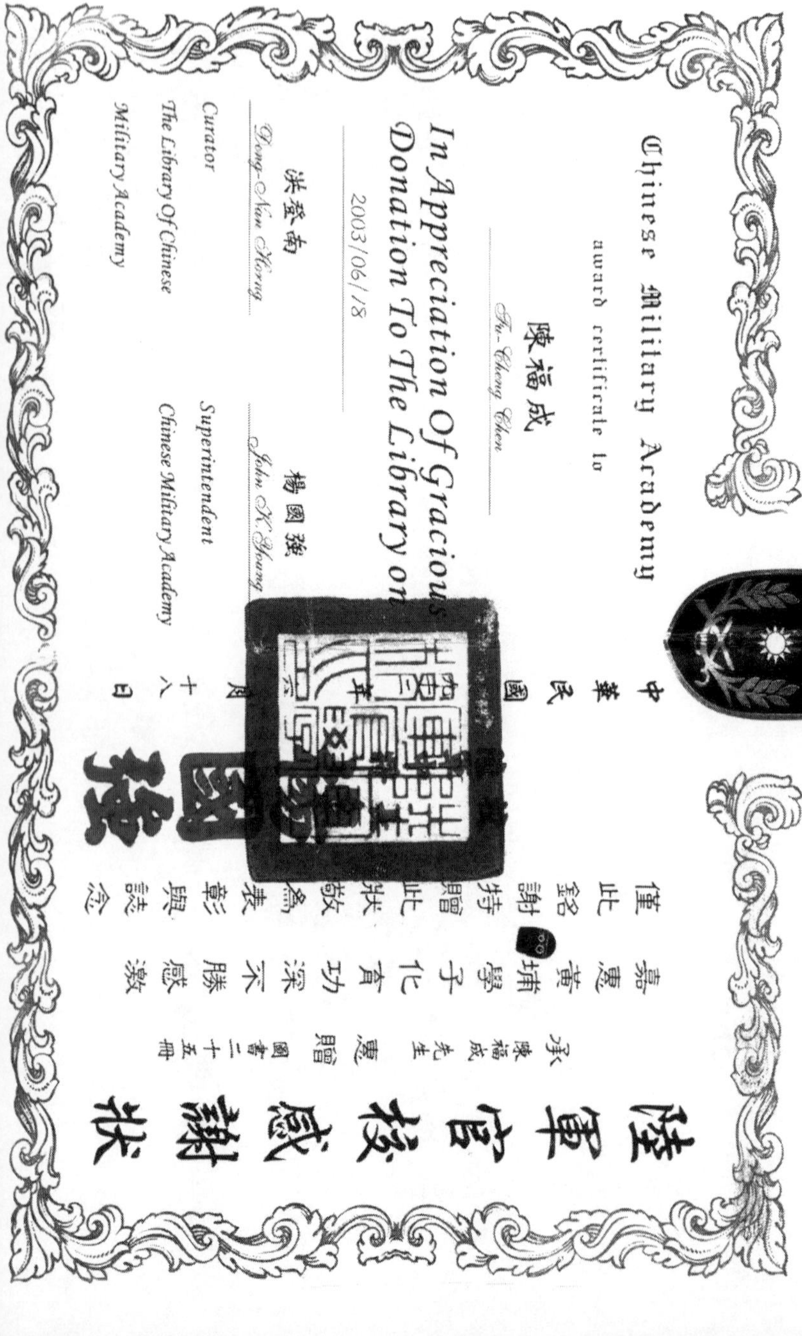

陸軍官校感謝狀

承 陳福成 先生 惠贈 圖書二十五冊

嘉惠黃埔學子化育功深不勝感激

僅此銘謝特贈此狀敬為表彰與誌念

中華民國 年 月 十八 日

Chinese Military Academy

award certificate to

陳福成

Fu-Cheng Chen

In Appreciation Of Gracious Donation To The Library on

2003/06/18

洪登南

Dong-Nan Horng

Curator

The Library Of Chinese Military Academy

楊國強

John K. Young

Superintendent

Chinese Military Academy